Vergewaltigung der menschlichen Identität
Über die Irrtümer der Gender-Ideologie

Manfred Spreng – Harald Seubert
Andreas Späth (Hrsg.)

Verlag Logos Editions

Manfred Spreng – Harald Seubert

Andreas Späth (Hrsg.)

Vergewaltigung der menschlichen Identität

Über die Irrtümer der Gender-Ideologie

Verlag Logos Editions

2012 Verlag Logos Editions, Ansbach
2. überarbeitete und erweiterte Auflage

Herausgegeben von Andreas Späth
im Auftrag der Kirchlichen Sammlung um Bibel und Bekenntnis in Bayern e.V. (KSBB)

Umschlag und Layout/Satz (innen):
Wilhelm Georg Adelberger, München
http://www.typografit.de
http://www.adelberger.name

Umschlagbild Fotomontage auf Basis von
© Ligier Piotr/Muzeum Narodowe w Warszawie, Lukas Cranach: Adam und Eva

Verwendetes Satzprogramm:
Adobe InDesign CS5.5 7.5.1.304

ISBN 978-3-9814303-3-2

Martin Luther: Mann und Frau
»Gott hat die Menschen in zwei Teile geteilt, dass es Mann und Weib oder ein Er und Sie sein soll. Und das hat ihm also gefallen, dass er's selbst ein gut Geschöpf nennt. Darum, wie unser jeglichem Gott seinen Leib geschaffen hat, so muss er ihn haben:
Und steht nicht in unserer Gewalt, dass ich mich ein Weibsbild oder du dich ein Mannsbild machst; sondern, wie er mich und dich gemacht hat, so sind wir: Ich ein Mann, du ein Weib.
Und solche gute Gemächte will er geehrt und unverachtet haben als sein göttlich Werk, dass der Mann das Weibsbild oder seinen Leib und Glied, nicht verachte oder spotte; wiederum, das Weib den Mann nicht, sondern ein jegliches ehre des andern Bild und Leib als ein göttlich gut Werk, das Gott selbst wohlgefället.«

Vom ehelichen Leben, 1522;
in: WA 10 II, 275

Die Kirchliche Sammlung um Bibel und Bekenntnis in Bayern e.V. (KSBB) gibt dreimal im Jahr einen Rundbrief heraus und veranstaltet zahlreiche Seminare und Tagungen.

Bei Interesse schreiben Sie uns bitte an:

KSBB – Postfach 11 31 – 91502 Ansbach
Telefon: +49 9871 444956
Fax: +49 9871 444954
E-Mail: ksbb-bayern@gmx.net
Internet: www.ksbb-bayern.de

Für unsere Arbeit sind wir dringend auf Spenden angewiesen. Wenn Sie uns unterstützen möchten, erbitten wir Ihre Spende an die KSBB auf unser Konto: 310 10 53 BLZ: 520 604 10 bei der EKK Kassel

Wenn Sie unsere Arbeit nachhaltig unterstützen möchten, erbitten wir Ihre Zustiftung ab 250.– Euro auf das Konto der uns nahestehenden Christlichen Bildungsstiftung (CBS),

Konto: 340 25 50
BLZ: 520 604 10 bei der EKK Kassel.
Verwendungszweck: Zustiftung »Sonderfonds Zukunft Bekenntnisarbeit«

Inhalt

Anstelle eines Vorwortes: »Gender Mainstreaming« – Befreiung oder Gesinnungsterror?

ANDREAS SPÄTH

Gender Mainstreaming – diesen Begriff hat man schon gehört. Was er bedeutet, verschwindet häufig im Dampf soziologischer Terminologien und politisch korrekter Behauptungen. Was genau ist Gender Mainstreaming? Die Frage ist schon Skizze des Problems! Der Begriff ist extrem unscharf und lässt eine präzise Definition kaum zu. Die Herkunft des Begriffes und der Ideologie ist allerdings genau zu lokalisieren – entlarvend genau. Grundlage aller Gender-Ideologien dürfte der Satz von Sartres Gefährtin Simone de Beauvoir sein, man werde nicht als Frau geboren, sondern dazu gemacht.[1]

John Money und der Feminismus – Die »Eltern« des Gender Mainstreaming

Der englische Ausdruck »gender« besitzt im Deutschen kein direktes Äquivalent. Nach einer Definition des deutschen Bundesministeriums für Familie, Senioren, Frauen und Jugend werden damit die gesellschaftlich, sozial und kulturell geprägten Geschlechterrollen von Frauen und Männern bezeichnet, die nun eine Angleichung erfahren sollen »Diese [Geschlechterrollen] sind– anders als das biologische Geschlecht – erlernt und damit auch veränderbar.«[2] So wird es uns dargestellt: »sex« sei das biologische Geschlecht, »gender« das soziale Geschlecht. Wie wir in den Beiträgen dieses Buches sehen werden, ist diese Trennung weder konsequent durchführbar, noch sachgemäß. Mainstreaming (engl.) hingegen meint so viel wie Hauptstrom; zum Hauptstrom werden, alles durchdringen. Alles soll also vom Gender-Begriff durchdrungen werden, alles unter Gender-Blickwinkel gesehen werden.

1 Zitiert nach: A. Schwarzer: Der kleine Unterschied und seine großen Folgen, Frauen über sich – Beginn einer Befreiung. Fischer Taschenbuch Verlag, Frankfurt 1975, S. 192.
Es sei angemerkt, dass eine gewisse Unsicherheit, wenn nicht gar Selbsthass gegenüber der eigenen Identität mitschwingt, wenn »Feministinnen« einer bestimmten Couleur das Frausein offenbar als etwas ganz und gar unattraktives, womöglich gar Minderwertiges betrachten. Eine solche Feststellung wie die von Frau de Beauvoir sagt – so kann man schlussfolgern – doch weit mehr über sie selbst und ihre Gemütsverfassung als über den Zustand der Gesellschaft aus.

2 Zitiert nach: W. Tischner: Bildungsbenachteiligung von Jungen im Zeichen von Gender-Mainstreaming, in: Handbuch Jungen-Pädagogik, hgg. von M. Matzner und W. Tischner, Beltz, Weinheim – Basel 2008, S. 351.

Nun muss es durchaus nicht falsch sein, zu überlegen, ob und wie durch die Zuweisung von Geschlechterrollen Benachteiligungen entstehen. Historisch und faktisch ist Gender Mainstreaming allerdings ein wesentlich weitergreifendes Konzept, als es uns die recht enge Definition des Bundesministeriums glauben machen möchte. Wenn das Bundesministerium davon spricht, dass Geschlechterrollen erlernt und damit veränderbar sind, sind wir beim pathognomonischen Punkt, also an dem Punkt, an dem der Arzt im Diagnoseverfahren eine Krankheit sicher erkennt. Es geht also um Veränderung. Das klingt zunächst harmlos. Das ist es in manchen Fällen auch, in anderen aber keineswegs. Der Journalist Volker Zastrow nannte das Konzept des Gender Mainstreaming in der Frankfurter Allgemeinen Zeitung (FAZ) eine »politische Geschlechtsumwandlung«. Wir werden sehen, wie Recht er hatte.

Der Begriff selbst geht wohl zurück auf den Psychologen John Money.[3] Er war einer der Pioniere der Gender-Theorie. Money war einer der Ersten, die wissenschaftlich zu beweisen versuchten, dass »Geschlecht« als solches nur erlernt sei. Um seine Thesen »wissenschaftlich« zu beweisen, unterzog Money 1967 den knapp zwei Jahre alten Jungen Bruce Reimer einer operativen und hormonellen Geschlechtsumwandlung. Bruce Reimers Penis war zuvor bei einer missglückten Beschneidung versehentlich verstümmelt worden. Das Experiment Moneys lief jedoch aus dem Ruder. Schon als kleines Kind riss sich Brenda, wie Bruce nun genannt wurde, die Kleider vom Leib, um Mädchenspielzeug machte der zur »sie« umgewandelte »er« einen weiten Bogen. Als Brenda mit 14 erfuhr, dass »sie« als Junge auf die Welt gekommen war, ließ »sie« die Geschlechtsumwandlung rückgängig machen. Im Frühjahr 2004 erschoss sich Bruce Reimer.[4] Sein Zwillingsbruder starb zwei Jahre zuvor, es gibt Vermutungen, wonach auch er Selbstmord begangen haben soll, weil er die Leiden seines Bruders nicht mehr ertrug.

---

3 Money war, nebenbei bemerkt, einer derjenigen, die, mit dem Nimbus des »weißen Kittels« versehen, Pädophilie als ganz normale Form der Sexualität darstellen wollten. »In einem Interview, das er 1991 dem propädophilen Journal Paidika gab, vertrat er die Auffassung, Pädophilie könne etwas völlig »Normales« sein.« Vgl. J. Colapinto: Kinsey, Money und mehr. Ein Beitrag zur Debatte über sexuellen Missbrauch an Minderjährigen, in: Bulletin DIJG, 2010, Nr. 19, S. 21–24. Diese Behauptung Moneys klingt schon fast ›harmlos‹, wenn man liest, was der renommierte FAZ-Redakteur Volker Zastrow über Money herausfand: »In einer Zeit, in der die Behandlung solcher Angelegenheiten im Nachmittagsfernsehen noch nicht zum Alltag gehörte, sprach Money sich für Gruppensex und Bisexualität aus, er warb für sogenannte ›fucking games‹ von Kindern und ordnete auch extreme sexuelle Perversionen bis hin zum Lustmord als bloße ›Paraphilien‹ ein, als abweichende Vorlieben.« V. Zastrow: Der kleine Unterschied, in: FAZ vom 07.09.2005, Nr. 208, S. 8. Eben jener John Money war auch Träger der »Magnus-Hirschfeld-Medaille für besondere Verdienste um Sexualwissenschaft und um Sexualreform.« Diese wird seit 1990 von der Deutschen Gesellschaft für Sozialwissenschaftliche Sexualforschung (DGSS) vergeben, die diese marktschreierisch als »zu den höchsten Auszeichnungen der internationalen Sexualwissenschaft« gehörend anpreist. Diese »höchste Auszeichnung« erhielten neben Money Personen wie Ernest Bornemann, Oswald Kolle und Herman Musaph. Präsident dieser »Gesellschaft« war jahrelang kein anderer als Helmut Kentler. Diese fünf genannten Männer hatten, vorsichtig gesagt, zur Idee, es könne erlaubt sein, Sexualität mit Kindern auszuleben, ein weit weniger kritisches Verhältnis, als man sich das wünschen sollte. Umso mehr verwundert es, dass die frühere Bundestagspräsidentin Rita Süßmuth auch zu den Preisträgern gehört und offenbar keine Berührungsängste hat. Vgl. http://www.rolf-gindorf.de/dgss/d_magnus.htm [Stand: 06.09.2011].

4 Er war übrigens bei Weitem nicht das einzige Opfer von J. Money. Die chirurgisch-hormonelle Geschlechtsumwandlung wurde noch bei vielen anderen Kindern durchgeführt. Vgl. V. Zastrow: Unterschied, S. 8.

Trotz des Fehlschlags diente der in der Literatur sogenannte »John/Joan-Fall« einem Teil der Frauenbewegung als »wissenschaftlicher« Beleg für die Thesen des Gleichheitsfeminismus. So schrieb die inzwischen – durch Kanzlerin Merkel auch in bürgerlichen Kreisen – salonfähige Alice Schwarzer damals, 1975, dass »die Gebärfähigkeit auch der einzige Unterschied ist, der zwischen Mann und Frau bleibt. Alles andere ist künstlich aufgesetzt, ist eine Frage der geformten seelischen Identität.«[5] Und auch John Money vertrat – obwohl um das Scheitern seines Menschenexperiments wissend – nach außen hin mit zum Teil fragwürdigen Methoden weiter den Erfolg seines Experiments und die Behauptung, bis zum dritten Lebensjahr könne das Geschlecht eines Menschen beliebig geändert werden. Erst nachdem David Reimer (wie sich Bruce / Brenda nun nannte) mit dem Journalisten John Colapinto an die Öffentlichkeit ging, stellte Money seine widersinnigen Behauptungen ein. Seine Thesen jedoch irrlichtern schier unzerstörbar als »wissenschaftlich bewiesen«, quasi als Gespenst des »irren Professors«, umher.

Alice Schwarzer hingegen würdigte Moneys »Forschungen« als eine der »[...] wenigen Ausnahmen, die nicht manipulieren, sondern dem aufklärenden Auftrag der Forschung gerecht werden [...]«.[6] Verharmlosender kann man ein böses, menschenverachtendes medizinisches Experiment wohl kaum beschreiben.

Soviel zum Vater des Gender Mainstreaming und seinen »wissenschaftlichen« Grundlagen. Es erübrigt sich schon fast zu erwähnen, dass Money zeitweise am Institut des höchst umstrittenen Sexualforschers Alfred Kinsey arbeitete.[7] Dieser schreckte für seine »Forschungen« nicht einmal vor dem sexuellen Missbrauch von Säuglingen zurück.[8] Wobei man, je mehr man sich mit Kinsey und seinen Helfern beschäftigt, fragen muss, ob nicht die »Forschung« an immerhin mindestens über 300 Minderjährigen zwischen zwei Monaten (!) und 15 Jahren[9] nur eine Tarnkappe für pädokriminelle Aktivitäten war. So drängt sich bei der Durchleuchtung von Kinseys Taten und seinem Umfeld doch der Gedanke auf, dass diese »Forschungen« nicht Mittel zum Zweck, sondern schlicht Selbstzweck waren.

---

5 A. Schwarzer: Der kleine Unterschied, S. 193. Offenbar ist Schwarzer hier bis heute faktenresistent. »Bis in die aktuelle, im September 2004 erschienene zweite Auflage der Neuausgabe (2000) ihres in viele Sprachen übersetzten Buches präsentiert Alice Schwarzer in keinen Widerspruch duldendem Stil den lebenden Beweis für die Gendertheorie.« V. Zastrow: Unterschied. S.8.

6 A. Schwarzer: Der kleine Unterschied, S. 192.

7 Vgl. J. Colapinto: Kinsey, Money und mehr, S. 21.

8 A. Späth; M. Aden (Hrsg.): Die missbrauchte Republik – Aufklärung über die Aufklärer, Verlag Inspiration Un Limited, Hamburg – London 2010, S. 143 ff.

9 Vgl. A. C. Kinsey: Das sexuelle Verhalten des Mannes, S. Fischer, Berlin – Frankfurt 1967, S. 153 f.

Konstruktionen? – Entdifferenzierung!

Die philosophische Idee hinter Gender ist der Konstruktivismus. Angeblich konstruieren wir unsere Umwelt und uns selbst nur. Die sogenannte Realität ist nur noch »unsere«, also individuelle, Realität. Unser Nächster lebt in einer anderen Realität. Diese konstruierende Projektion geht angeblich bis in das Körperliche hinein. »Denn äußerer Habitus und Seelenleben des Menschen sind ›sozial konstruiert‹, das heißt: lediglich ein Produkt der Erziehung und gesellschaftlicher Zwänge.«[10] Quelle der Gender-Bewegung ist der Feminismus. Er sieht sein Ziel schon lange nicht mehr in der Gleichberechtigung, sondern in der Gleichmachung. Radikalste Ausformung ist dabei die Idee: »Ohne Frauen keine Männerherrschaft!«[11] Konkret: Wenn es keine Unterscheidung mehr in Frauen und Männer gibt, gibt es auch kein geschlechtsbedingtes »oben« und »unten«. Die Abschaffung vorgeblicher Hierarchien vollzieht sich sozusagen in der Abschaffung aller am Hierarchiesystem Beteiligten. Denn »schon allein durch den Umstand, dass alle Welt von zwei Geschlechtern ausgeht, werden Frauen unterdrückt; folglich müssen die Geschlechtergrenzen verschwinden.«[12] Das klingt etwas wie die Heilung von Kopfschmerzen mit Hilfe der Guillotine. Entsprechend unfreundlich spöttisch äußerte sich denn auch der Focus zu den Gender-Studiengängen: »Ein ungenießbarer Eintopf aus männerfeindlicher Verblendung, soziologischem Hochmut und linksradikalen Theorieresten, ließe sich da einwenden. Ach wo – wenn es dazu schon Lehraufträge, Dissertationen und viele Meter Fachliteratur gibt, ist die Sache sicher seriös. Auch dass der Lesbenanteil unter den Gender-Koryphäen offenbar überdurchschnittlich hoch ist, kann natürlich kein Argument gegen die Wissenschaftlichkeit der Fachrichtung sein.

Und gibt es nicht tatsächlich eine Tendenz zur Geschlechterangleichung? Popstars geben sich androgyn, Männer tragen Röcke (jedenfalls auf dem Laufsteg), Frauen werden Bomberpilotinnen oder hauen sich im Boxring die Nasen platt – na also! Lediglich vor dem letzten Glück verheißenden Schritt – dem Schwul- oder Lesbischwerden – schrecken die meisten Zeitgenossen einstweilen noch zurück.«[13]

Nun ernsthaft! Dass es erlerntes Verhalten gibt, dass es Ungerechtigkeit gibt, soll freilich nicht bestritten werden, dass Mann und Frau jedoch unterschiedlich sind, sowohl von ihrer äußeren Erscheinung, ihrem Hormonsystem, ihren Gefühlen und auch nicht umerziehbar in ihrer Gehirnstruktur usw., ist vermutlich den meisten Menschen, die nicht an einer schweren Identitätskrise leiden, bekannt.[14] Männer und Frauen werden also nicht

10 F. Gerbert: Verque(e)re Welt, in: Focus 9/2000 vom 28.02.2000, S.228–233.

11 Vgl. F. Gerbert, Verque(e)re Welt.

12 Ebd.

13 Ebd.

14 So dokumentiert eine neue evolutionspsychologische Studie, dass Männer und Frauen nur etwa 10 Prozent ihrer Charakterzüge teilen. Die Ergebnisse anderslautender Studien kamen, so die Verfasser, durch ›inadequate Methoden‹ zustande. Vgl. M. Del Giudice; T. Booth; P. Irwing: (2012) The Distance Between Mars and Venus: Measuring Global Sex Differences in Personality. PLoS ONE 7(1): e29265.doi:10.1371/journal.pone.0029265

gemacht, sondern sind. Dieser an sich simplen Wahrheit allerdings widersprechen – wie wir sahen – zahlreiche Gender-Konstrukteure. Wenigstens insofern haben die Gender-Ideologen recht, dass wenigstens ihre Befindlichkeit reichlich konstruiert ist und sich der wissenschaftlichen Überprüfbarkeit durch deren Abwertung entzieht – freilich nicht ohne sich und die eigene Anschauung mit akademischen Weihen reichlich zu versehen. Es berührt schon merkwürdig, wenn man einmal die Interessenleitung der zumeist weiblichen Protagonisten dieser Disziplin näher betrachtet.[15]

Um es noch einmal deutlich zu sagen: Zweifellos gibt es Situationen, in denen es sinnvoll ist, auch nach Geschlecht zu differenzieren. Selbstverständlich ist es angezeigt, Jungen und Mädchen geschlechtergerecht zu behandeln in dem Sinne, dass man ihrer jeweiligen Eigenart als Junge, als Mädchen, gerecht wird.[16] Aber dieser Ansatz, der ja eine positive Erkenntnis aus der Gender-Debatte sein könnte, wird gerade nicht verfolgt. Die derzeitigen großen Linien der Debatte sind vielmehr ein massiver Angriff auf das natürliche Menschenbild und damit letztlich auf die Familie und unsere Freiheit.

Eine sinnhafte Komplementarität von Mann und Frau, eine Gleichberechtigung in der Differenz ist – wie gesagt – durchaus sinnvoll. Eben weil Frauen und Männer unterschiedlich sind, wären z. B. in der Schule auch unterschiedliche Lernwege hilfreich. So finden Jungen (statistisch) eben bestimmte Schulformen, die einer typisch weiblichen Pädagogik entspringen »voll doof«, während Mädchen viele andere Dinge nicht nachvollziehen wollen. Da Mädchen aber nach gängiger feministischer Ideologie immer »Opfer« sind, muss etwas getan werden. Deshalb ist Mädchenförderung auf allen Ebenen in Ordnung, während Jungen dieser vorgeblich nicht bedürfen.[17]

---

15 Bei dieser Gelegenheit sei darauf hingewiesen, dass ein interessanter Diskurs noch aussteht. Während die Gender-Ideologen die Festlegung auf das Geschlecht an sich und damit einhergehend auch jede fest stehende sexuelle Orientierung als eine Art Erziehungsfehler sehen und mit der Homosexuellenbewegung die sog. Heteronormativität bzw. ›Zwangsheterosexualität‹ wortreich geißeln, legt eben diese ansonsten recht artverwandte Homosexuellenlobby größten Wert darauf, dass Homosexualität keineswegs auf Erziehung, Entwicklung, Erkrankung oder worauf immer auch beruht, sondern schlicht naturgegeben ist, und bestreitet die Dekonstruierbarkeit der eigenen sexuellen Orientierung. Wobei der Terminus der ›Orientierung‹ rein sprachlogisch schon wieder etwas Selbstwidersprüchliches hat, wenn man seine Veränderbarkeit leugnet. Therapeuten, die homosexuellen Menschen, die an ihrer Neigung leiden, helfen wollen, werden häufig als ›Scharlatane‹ und ›Homo-Heiler‹ diffamiert.

16 Damit sich dieses Sosein aber artgerecht entfalten kann, bedarf es einer positiven Begleitung. Es bedarf, kurz gesagt, im Idealfall der Eltern, an denen Kinder sich abschauen können, was sie zu ihrer individuellen Reifung und Identitätsfindung benötigen.

17 Ein erschütterndes Beispiel dafür, dass es einem aggressiven Feminismus gelungen ist Begriffe wie ›männlich‹ und ›weiblich‹ gefühlsmäßig mit anderen Attributierungen wie ›Täter‹ und ›Opfer‹, ›eher negativ‹ und ›eher positiv‹, ›eher unwichtig‹ und ›wichtig‹ usw. zu versehen, das ›Männliche‹ quasi zu stigmatisieren, zeigt sich in der Wahrnehmung der Suizidrate. So berichtet der Soziologe Walter Hollstein: „Rund drei Viertel der Suizidtoten in Deutschland sind Männer. Seit 2006 schwanken die Zahlen zwischen 74,5 und 78 Prozent. Unter den Jugendlichen sind gar 86 Prozent der Suizidtoten männlich; Kinderärzte schätzen diese Zahlen noch höher. […] Eine öffentliche Problematisierung dieser Fakten ist bisher ausgeblieben. […] Wenn die Zahlen männlicher Suizidopfer auf Frauenseite zu Buche stünden, wäre der Aufschrei gewaltig.“ Hollstein hat drei Ursachen dafür ausgemacht: Einen Feminismus, der seit ›40 Jahren kämpferisch auf die Bedürfnisse‹ von Frauen

Ist das so? Tatsächlich sind es die Jungen, die statistisch gesehen auf der Strecke bleiben. Das wird aber erst langsam wahrgenommen, ohne dass viel dagegen getan würde. Die Mehrzahl der Schulversager, Stotterer,[18] Legastheniker sind Jungen. Der Nürnberger Pädagogikprofessor Wolfgang Tischner fasst zusammen: »Im Schulbereich beobachtet man bereits seit den 90er Jahren, dass die Jungen gegenüber den Mädchen in Bezug auf den Erfolg schulischen Lernens massiv ins Hintertreffen geraten sind. Die kürzlich veröffentlichten Ergebnisse der Pisa-Studie unterstreichen diese Beobachtungen auf das deutlichste. Allein was die Zahl der Abiturienten angeht, ist der Anteil der Jungen in den letzten dreißig Jahren von 60 auf 44 Prozent gefallen. Hinzu kommt, dass die Abiturnoten der Jungen im Schnitt um fast eine Note schlechter ausfallen als die ihrer Mitschülerinnen. Alarmieren muss auch, dass der Anteil von Jungen bei den Sonderschülern in den letzten dreißig Jahren von 60 auf 64 Prozent, bei den Schulabgängern ohne Hauptschulabschluss gar von 55 auf 65 Prozent gestiegen ist. [...] ›Jungen‹ [...] bleiben in der Bundesrepublik doppelt so oft sitzen wie Mädchen, fliegen doppelt so oft vom Gymnasium, landen doppelt so oft auf einer Sonderschule‹.«[19] Das liegt aber nicht daran, dass sie dümmer als Mädchen sind; sie sind eben anders. Als Lehrer und Schüler kann man die Erfahrung machen, dass Mädchen häufiger ruhig sind, brav, auswendig lernen, was man ihnen sagt, und es quasi auf Knopfdruck wiedergeben können. Jungen lernen anders. Sie wollen begreifen, diskutieren, sich auseinandersetzen, um Anschauung ringen, siegen. Lernen hat für sie mitunter auch etwas mit Wettbewerb zu tun. Dem Lehrer sind oft die braven, fleißigen, angepassten Mädchen verständlicherweise lieber. Das zumindest legt ein Bericht des Bundesbildungsministeriums von 2007 nahe, aus dem hervorgeht, dass »in Deutsch, Mathematik und Sachkunde [...] Mädchen bei gleichen Leistungen bessere Noten als Jungen«[20] erhielten. »Das liege möglicherweise auch daran, dass das sozial zumeist angepasstere Verhalten der Mädchen in die Note einfließe. Insgesamt schneiden männliche Schüler den Experten zufolge deutlich schlechter ab als weibliche. So betrage der Jungenanteil an den Hauptschulen 56 Prozent, an den Gymnasien aber nur 46 Prozent.«[21] Aber bleiben dann die Jungen nicht auf der Strecke? Die Antwort ist hier ein schlichtes: »Ja!«. Doch woran liegt das? Eine Studie des Aktionsrates Bildung aus dem Jahr 2009 bestätigt, »dass der Grund für die Zensurenlücke« darin liegt, dass Jungen im »Kindergarten und [in der] Schule massiv benachteiligt«[22] werden. Die Benachteiligung ist offenbar statistisch signifikant. So kommt der Professor für Schulpädagogik, Jürgen Budde, in dem Bericht des Bundesbildungsministeriums zu dem Schluss, »dass Jungen in allen Fächern

---

aufmerksam macht. Des Weiteren etwa 250 Lehrstühle für ›Frauen- und Geschlechterforschung‹ und letztlich das geschlechtsbezogene Engagement der ›Frauen‹. Vgl. W. Hollstein: Schluss mit dem Wegschauen!, in: Focus 6/2012 vom 6. Februar 2012, S. 50.

18 Vgl. den Beitrag von M. Spreng in diesem Buch ab Seite 29.

19 W. Tischner: Konfrontative Pädagogik – die vergessene »väterliche« Seite der Erziehung, S. 2. http://www.antigewalt.com/c_fachartikeltischner.pdf [Stand: 27. 08. 2011]

20 http://www.spiegel.de/schulspiegel/wissen/0,1518,524828,00.html [Stand: 17.02.2012]

21 Ebd.

22 http://www.spiegel.de/schulspiegel/wissen/0,1518,612997,00.html [Stand: 17.02.2012]

bei gleicher Kompetenz schlechtere Noten kriegen als ihre Mitschülerinnen. Selbst wenn sie die gleichen Noten haben wie Mädchen, empfehlen die Lehrer ihnen seltener das Gymnasium. Kurzum, Jungs werden bei gleicher Leistung schlechter behandelt.«[23] Ein Grund dafür scheint laut der Studien die Tatsache zu sein, dass in Kindertagesstätten und Grundschulen ganz überwiegend nur Frauen arbeiten. auch die Identitätsfindung wird hierdurch offenbar erschwert. »Jungen haben [...] oftmals gar nicht die Chance, eine ausgereifte Geschlechtsidentität zu bilden, da sie im Kindergarten und in der Grundschule meist mit Erzieherinnen und Lehrerinnen konfrontiert seien. In keinem Bundesland liegt der Anteil männlicher Erzieher in den Kindertagesstätten bei mehr als zehn Prozent.«[24]

Man müsste also die Notwendigkeit differenzierte Lernwege anzubieten – ebenso wie positive Rollenvorbilder beiderlei Geschlechts – betonen, und genau das könnte eine geschlechtersensible Sicht leisten. Nur das ist gerade nicht das Thema von Gender Mainstreaming. Dazu noch einmal Wolfgang Tischner: »Ernst zunehmende Schulkritiker führen diese besorgniserregende Entwicklung maßgeblich darauf zurück, dass die Schule unter dem Einfluss feministischer Strömungen in der Pädagogik und dem Bemühen, einer vermeintlich bestehenden Diskriminierung von Mädchen entgegenzuwirken, zu einem ›jungenfeindlichen Biotop‹ geworden sei. So sei das vergleichsweise schulkonforme und daher pflegeleichte Verhalten der Mädchen sowohl von weiblichen als auch von männlichen Lehrpersonen unter der Hand zur Norm erhoben und das der Jungen an diesem Maßstab gemessen worden. Der natürliche Bewegungsdrang von Jungen werde vorschnell als Disziplinlosigkeit geahndet, meist harmlose Raufereien zwischen ihnen als bedrohlich eingeschätzt und pathologisiert. ›Wer sich heute auf dem Schulhof oder in der Klasse der traditionellen Jungenrolle gemäß aufführt‹, so ein ZEIT-Artikel [...] ›wird von Lehrern als aggressiv und sozial defizitär empfunden und entsprechend behandelt.‹ Nicht zufällig stellen Jungen rund zwei Drittel der Klientel von Jugendpsychiatern und Erziehungsberatungsstellen.«[25]

Aber gerade diese nach Differenzierung verlangende Situation wird von der Gender-Ideologie nicht aufgegriffen, ja negiert.[26] Differenzierung widerspricht der Gender-Ideologie

23 Ebd.

24 Ebd.

25 Vgl. W. Tischner: Konfrontative Pädagogik, a.a.O.

26 Dazu passt aktuell der Versuch des Landes Brandenburg, ein konfessionelles privates Jungengymnasium zu verhindern. Der Träger klagte erfolgreich durch zwei Instanzen. Die Begründung des Landes entspricht der Gender-Ideologie: „Im hier zugrunde liegenden Rechtsstreit hat das beklagte Ministerium für Bildung, Jugend und Sport die Genehmigung für ein derartiges Gymnasium mit der Begründung abgelehnt, dass eine reine Jungenschule eine öffentliche Schule nicht ersetzen könne. Für die öffentlichen Schulen sehe das Brandenburgische Schulgesetz koedukativen Unterricht vor. Die Unterrichtung und Erziehung nur eines Geschlechts widerspreche außerdem verfassungsrechtlichen und völkerrechtlichen Regelungen, die als Erziehungsziel eine Gleichstellung der Geschlechter forderten." Das Gericht sah dies anders. „Das Oberverwaltungsgericht ist zu dem Ergebnis gekommen, dass ein Jungengymnasium unter Berücksichtigung der verfassungsrechtlich garantierten Privatschulfreiheit auch im Land Brandenburg als Ersatzschule genehmigungsfähig ist. Koedukation sei kein die Schulstruktur betreffendes Prinzip. Es sei auch weder ersichtlich noch nachgewiesen,

grundsätzlich, da ja alle gleich sind und nur in falschen Rollenklischees erzogen wurden. Wenn alles nur Erziehung und Umwelteinfluss ist, dann müssen die Jungen eben lernen, gute Menschen zu werden, d. h. Menschen im Sinne der Gender-Ideologie. Zur Illustration soll folgendes, die gängige Gender-Literatur kritisch hinterfragende Zitat dienen: »Unterdessen sollen Jungen mittels ›profeministischer‹, ›antisexistischer‹ und ›patriarchatskritischer‹ Jungenarbeit lernen, dass sie so, wie sie sind, nicht sein sollten und einem falschen Männlichkeitsbild hinterherjagten. Besonders männlicher Dominanz und Homophobie sowie ›patriarchalen und phallozentrischen Strukturen‹ wird der Kampf angesagt. Weil ›jedes Festhalten an Männlichkeiten‹ ein hierarchisches Geschlechterverhältnis reproduziere, sei die ›Kultur der Zweigeschlechtlichkeit‹ zu dekonstruieren. Jungen sollen sich vom ›Männlichkeitsdruck‹ befreien und letztendlich von einer positiven männlichen Identität verabschieden. ›[...] nicht die stabile männliche Identität [kann] das erste Ziel von Jungen- und Männerarbeit sein. [...] Das Ziel einer nicht-identitären Jungenarbeit wäre somit nicht der ›andere Junge‹, sondern ›gar kein Junge‹.

Die hier erhobene Forderung eines ›Dekonstruieren[s] von Männlichkeit‹ ist nicht weniger als der hybride Versuch einer identitätszerstörenden ›Umerziehung‹ und ›schwarze Pädagogik‹. [...] ›Bestimmte Haltungen und Denkweisen der Jungenarbeit sind daher eher Teil des Problems, nicht deren Lösung‹.«[27]

Das »Gender« wird politisch

Die feministischen Untertöne sind in offiziellen Dokumenten der Politik zwischenzeitlich kaum mehr verhüllt, wenn auch häufig nicht so konzentriert zu lesen wie in obigen Zitaten. Diese feministischen Einfärbungen sind aber die theoretischen Grundlagen des Gender Mainstreaming.[28] Letzteres ist seit 1999 per Beschluss des rot-grünen Bundeskabinetts zum »durchgängigen Leitprinzip der Bundesregierung« [29] erhoben worden. Inwiefern sich die Praxis von der Theorie emanzipieren kann, wird man sehen – oder, was zu befürchten ist, auch nicht. Dabei gibt es noch einiges an getarnter Literatur.[30] Selbst

dass die alleinige Unterrichtung und Erziehung von Jungen oder Mädchen dem Erziehungsziel einer Gleichstellung und Gleichbehandlung der Geschlechter grundsätzlich widerspreche." Vgl. http://www.kostenlose-urteile.de/OVG-Berlin-Brandenburg_OVG-3-B-2409_OVG-Jungengymnasium-in-Potsdam-grundsaetzlich-genehmigungsfaehig.news12249.htm [Stand: 09.09.2011]

27 W. Tischner: Handbuch Jungen-Pädagogik, S. 349f.

28 »Der Begriff wurde erstmals 1985 auf der 3. UN-Weltfrauenkonferenz in Nairobi diskutiert und zehn Jahre später auf der 4. Weltfrauenkonferenz in Peking propagiert. Bekannt wurde Gender-Mainstreaming insbesondere dadurch, dass der Amsterdamer Vertrag 1997/1999 das Konzept zum offiziellen Ziel der Gleichstellungspolitik der Europäischen Union machte.« http://de.wikipedia.org/wiki/Gender-Mainstreaming [Stand: 07.09.2011]

29 Ebd. S. 350.

30 Die Historikerin und Journalistin Dale O'Leary nahm an der Weltfrauenkonferenz 1995 in Peking als Journalistin teil. Ihre Erfahrungen und Hintergrundinformationen fasst sie folgendermaßen zusammen: »Immer wieder werde ich gefragt, was ich in Peking sah. Auch auf die Gefahr hin, zu stark zu vereinfachen, ist meine Antwort: ›Im UN-Establishment haben folgende Ansichten die Mehrheit:

konservative Politiker glauben im Gespräch noch immer, es gehe doch nur um Gleichberechtigung und die Beseitigung patriarchaler Rückstände. Dass die Gender-Theorie die Begriffe von Mann und Frau[31] als solche schon als zu beseitigenden »Rückstand« sieht, erkennen viele nicht.

Fakt ist, dass eine derartige Verbiegung von Jungen, die jede Rauferei, jedes Konkurrenzdenken und jede Eigenart ausmerzen will, nicht ohne Folgen für die Identitätsfindung bleiben kann. Aber damit ist die Gefährlichkeit der Gender-Ideologie keineswegs vollständig beschrieben. Letztlich ist der verstörte Mann für die normale Frau unattraktiv, ebenso, wie Männer mehrheitlich Frauen und keine Mann-Weiber wollen. Damit ist neben dem Drama in Schule und Erziehung auch das Thema »Familie« in den Fokus zu rücken. Diese ist es nämlich, die letztlich unter den eisernen Rädern der Gender-Ideologie zermalmt wird.

Der Themenbereich »Gender Mainstreaming« ist daher ebenso historisch-theologisch bedeutsam, wie auch für uns hochaktuell. Familie ist menschliche Urerfahrung und Keimzelle von Leben, Liebe und Kultur. So beginnt auch die Bibel als Geschichte Gottes mit einer Familie (Adam und Eva und deren Kindern) und immer wieder sind es einzelne Familien (die Noahs, Abrahams und Jakobs und andere), mit denen Gott Geschichte schreibt. Auch vergleicht Gott seine Beziehung mit Israel immer wieder mit einer Ehe und Israels Verhalten (Götzendienst) mit dem einer untreuen Ehefrau. Auch im NT wird das Bild immer wieder aufgegriffen, indem Jesus als Bräutigam und die Gemeinde als Braut bezeichnet wird. Familie ist also ein urchristlicher Begriff, wenn nicht überhaupt ein Urbegriff des Menschen. Gender Mainstreaming ist letztlich ein Programm, das nicht nur

---

1. In der Welt braucht es weniger Menschen und mehr sexuelle Vergnügungen. Es braucht die Abschaffung der Unterschiede zwischen Männern und Frauen sowie die Abschaffung der Vollzeit-Mütter.
2. Da mehr sexuelles Vergnügen zu mehr Kindern führen kann, braucht es freien Zugang zu Verhütung und Abtreibung für alle und Förderung homosexuellen Verhaltens, da es dabei nicht zur Empfängnis kommt.
3. In der Welt braucht es einen Sexualkundeunterricht für Kinder und Jugendliche, der zu sexuellem Experimentieren ermutigt; es braucht die Abschaffung der Rechte der Eltern über ihre Kinder.
4. Die Welt braucht eine 50/50 Männer/Frauen Quotenregelung für alle Arbeits- und Lebensbereiche. Alle Frauen müssen zu möglichst allen Zeiten einer Erwerbsarbeit nachgehen.
5. Religionen, die diese Agenda nicht mitmachen, müssen der Lächerlichkeit preisgegeben werden.‹«

Vgl. http://www.dijg.de/gender-mainstreaming/dale-o-leary-agenda-konzept-hintergrund/ [Stand:18.02.2012] Wer mehr über die Hintergründe der Weltfrauenkonferenz und die Arbeit der Vereinten Nationen auf diesem Gebiet wissen möchte, sei auf das Bulletin Nr. 13 des Deutschen Institutes für Jugend und Gesellschaft (DIJG) vom Frühjahr 2007 hingewiesen.

31 Dabei muss die Extrapolation der Gender-Theorie über Mann und Frau hinaus auf fünf Geschlechter keineswegs ein Widerspruch sein. Vielmehr kann eine Übergangsphase der Überdifferenzierung, welche die Geschlechterdifferenz als solche ad absurdum führt, gedacht werden. In diesem Sinne äußert sich etwa Judith Butler, wenn sie fordert, zur Durchsetzung von Gender Mainstreaming muss gezielt »zur Geschlechterverwirrung angestiftet« werden. Diese »Veruneindeutigung« ist letztlich nichts anderes als Marcuses linguistische Therapie im feministischen Gewand. Vgl. A. Blödorn: Von der Queer Theory zur Methode eines Queer Reading. Tonio Krögers verquere ›Normalität‹. Queerstudies, in: T. Lörke; Chr. Müller (Hrsg.): Vom Nutzen und Nachteil der Theorie für die Lektüre. Das Werk Thomas Manns im Lichte neuerer Literaturtheorien, Verlag Königshausen und Neumann, Würzburg 2006, S. 132.

traditionelle Rollen in der Familie zerstört, sondern die Familie – konsequent umgesetzt – selbst zerstören wird.

Was aber ist Familie? Antworten auf diese etwas banal klingende Frage zeigen bereits die akute Gefahr, in der sich die Familie befindet. Eine Definition ist folgende: »Eine Familie (lat. familia »Hausgemeinschaft«) ist soziologisch eine durch Heirat und/oder Abstammung begründete Lebensgemeinschaft, im westlichen Kulturkreis meist aus Eltern und Kindern bestehend, gelegentlich durch im gleichen Haushalt wohnende Verwandte erweitert. Die Familie ist demnach eine engere Verwandtschaftsgruppe.«

Nun ist eines klar: Das Wertesystem, in dem Kinder erzogen werden, wird die Gesellschaft nachhaltig prägen. Deshalb war es immer eine Folge autokratischer Herrschaftsstrukturen (Sparta, 3. Reich, DDR), möglichst viel Macht über die Kinder zu bekommen und Kindererziehung möglichst zu kollektivieren oder zumindest offen überprüfbaren Regeln zu unterwerfen, während in der Regel christlich begründete oder freiheitliche Systeme stets den gott- oder naturgegebenen Primat der Eltern für ihre Kinder betonten. Ich möchte den Freiheitsgedanken hier hervorheben. Wir werden später sehen, wie er von der Gender-Ideologie zentral missbraucht wird, um unter dem Deckmantel der Freiheitsbewegung letztlich unser aller Freiheit empfindlich einzuschränken.

Ganz im Verborgenen hat sich hier ein eigener Kriegsschauplatz entwickelt, und viele merken es gar nicht, weil es so schleichend geht. Papst Benedikt XVI. sagte in der Botschaft zur Feier des Weltfriedenstages 2008 völlig zu Recht:

»Alles, was dazu beiträgt, die auf die Ehe eines Mannes und einer Frau gegründete Familie zu schwächen, was direkt oder indirekt die Bereitschaft der Familie zur verantwortungsbewussten Annahme eines neuen Lebens lähmt, was ihr Recht, die erste Verantwortliche für die Erziehung der Kinder zu sein, hintertreibt, stellt ein objektives Hindernis auf dem Weg des Friedens dar.«[32]

Dass diese Behauptung des Papstes keineswegs abwegig ist, zeigt folgendes Zitat aus der Endfassung des Beschlusses über den Leitantrag zum Thema Gesellschaft und Familie, den die GRÜNE JUGEND auf ihrem 29. Bundeskongress in Würzburg 19.11.2007 verabschiedete. Dieser Textabschnitt ist übrigens ein Paradebeispiel der von dem 68er Vordenker Marcuse geforderten linguistischen Therapie. Marcuse forderte die Begriffe aus ihrer eindimensionalen Engführung zu befreien und im marxistisch, revolutionären Sinne mehrdeutig zu machen. Die Idee dahinter ist es, durch eine Verunklarung der Begriffe dem politischen Gegner die Argumentation zu verunmöglichen und die Herrschaft im gesellschaftlichen Diskurs an sich zu reißen, indem die Deutungshoheit über die

---

32 Papst Benedikt XVI.: Botschaft zur Feier des Weltfriedenstages, 1. Januar 2008, Die Menschheitsfamilie, eine Gemeinschaft des Friedens, Nr. 5.

gesellschaftlichen Schlüsselbegriffe erstritten oder erschlichen wird.[33] Diese linguistische Therapie läuft subkutan und schleicht sich unmerklich, wie ein böses Gift, ins Denken ein. Victor Klemperer hat dies am Beispiel der Sprache des sog. Dritten Reiches verdeutlicht.[34] Schlüsselwörter linker »linguistischer Therapie« sind z. B. Antifaschismus, Freiheit, Toleranz, Modernisierung, Erneuerung, positive Erziehung usw. so wird die Berliner Mauer z. B. in der Diktion des DDR-Regimes zum Antifaschistischen Schutzwall aufgehübscht. Wer ein als »antifaschistisch« bezeichnetes Verhalten missbilligt ist also ein Faschist. Wer ein als »tolerant« bezeichnetes Verhalten nicht gut findet, ist folglich intolerant.

Aber zurück zum Text der *Grünen Jugend*:
»Der Grundpfeiler einer **freien und toleranten** Gesellschaft ist eine freie und tolerante Familie. Familie ist die kleinste Einheit in einer Vielzahl an Individuen und Gemeinschaftsformen. Der Begriff ›Familie‹ wird bei uns in **erneuerter Definition** verwendet: Wir verstehen darunter sowohl das klassische Vater-Mutter-Kind-Bild als auch **gleichgeschlechtliche Partnerschaften** mit oder ohne Kind, **polygame Lebensgemeinschaften**, Patchworkfamilien, Alleinerziehende aber auch Wohngemeinschaften wie Studierenden-, Mehrgenerationen- und Senioren-Gemeinschaften oder ganz einfach der engste Freundeskreis. Im Mittelpunkt der Definition steht die Solidarität untereinander, das Füreinanderdasein. Dies wollen wir rechtlich mit einem Familienvertrag absichern und **damit die Ehe ersetzen**.« [Hervorhebungen vom Verf.]

Wir sehen also, dass selbst so an sich klare Begriffe wie »Familie« und »Ehe« unscharf gemacht werden, um die Tore für eine Ideologie wie Gender Mainstreaming zu öffnen, die den natürlichen Strukturen dann den Rest geben soll. Nach dieser Definition von »Familie« wird der Begriff schlicht sinnlos, weil er alle umfasst. Damit ist er per Definition des Definitionsbegriffs keine Definition mehr. »Definition« ist eine Grenzziehung. Ein Begriff, der ins grenzenlose erweitert ist, sagt nichts mehr aus. Setzte sich also diese »grüne Definition« von »Familie« durch, würde nicht nur die »Ehe ersetzt«, sondern die Möglichkeit, dasjenige, was wir klassisch als »Familie« bezeichnen, überhaupt auch nur zu beschreiben. Um es mit dem Philosophen und Literaturwissenschaftler C. S. Lewis zu sagen: »Wer alles durchschaut, sieht nichts mehr.«[35] Genau diese politische Erblindung mittels

33 Vgl. G. Stötzel; M. Wengeler: Kontroverse Begriffe – Geschichte des öffentlichen Sprachgebrauchs in der Bundesrepublik Deutschland, in: Sprache, Politik, Öffentlichkeit, Band 4, de Gruyter, Berlin – New York 1995, S. 387.

34 Diese merkwürdigen Methoden, die heute gerne von selbst ernannten ›AntifaschstInnen‹ genutzt werden, beschreibt der jüdische Germanist Victor Klemperer in seiner »LTI« – Lingua Tertii Imperii – der Sprache des »Dritten Reiches« in erschütternder Klarheit. So verdeutlicht Klemperer, dass die größte Wirkung nicht von Führerreden ausging und »auch nicht durch Artikel oder Flugblätter, durch Plakate oder Fahnen, sie wurde durch nichts erzielt, was man mit bewusstem Denken oder bewusstem Fühlen in sich aufnehmen konnte. Sondern der Nazismus glitt in Fleisch und Blut der Menge über Einzelworte, die Redewendungen, die Satzformen, die er ihr in millionenfachen Wiederholungen aufzwang und die mechanisch und unbewusst übernommen wurden.« Vgl. V. Klemperer: LTI, Reclam, Leipzig 1996, S. 26.

35 C. S. Lewis: Die Abschaffung des Menschen, St. Johannis, Einsiedeln 1979, S. 82.

linguistischer Blendung ist das Ziel. George Orwell hat sie an der faktischen Abschaffung des Begriffes der »Freiheit« in seinem Roman »1984« zutreffend in seinen Folgen beschrieben, in welchem durch sukzessive Bildung von linguistischen Pseudomorphosen und Sprachschatzreduktion durch eine zunehmende Zahl verbotener Worte das Unrecht nicht mehr artikuliert werden kann. »Ein Beispiel dafür: das Wort frei gab es zwar in der Neusprache noch, aber es konnte nur in Sätzen wie ›*Dieser Hund ist frei von Flöhen*‹, oder ›*Dieses Feld ist frei von Unkraut*‹ angewandt werden. In seinem alten Sinn von ›politisch frei‹ oder ›geistig frei‹ konnte es nicht gebraucht werden, da es diese politische oder geistige Freiheit nicht einmal mehr als Begriff gab und infolgedessen auch keine Bezeichnung dafür vorhanden war.«[36]

Gender Mainstreaming vollzieht sich nicht nur durch pädagogische Konzepte in Kindergarten und Schule, durch Verhaltenskodizes in Firma und Verwaltung, sondern vor allem auch durch die Durchdringung der Sprache. Weil durch angebliche dauernde sprachliche Wiederholung der Glaube, männlich oder weiblich zu sein, erzwungen wurde, muss nun die linguistische Therapie auf allen Ebenen beginnen. Während die Erwachsenen umerzogen werden sollen, will man bei den Kindern schon vorbeugend tätig werden. Damit korrespondiert der Hang mancher Politiker und fast aller Feministinnen zur Krippe und anderen Formen der Kollektiverziehung.

Noch sind es einzelne stilblütenartige Wortneuschöpfungen, die uns das Schmunzeln lehren. Mit zunehmender Ausbreitung des Gender-Wahnes dürfte allerdings die Aggressivität und Intoleranz gegenüber normal denkenden Individuen rapide ansteigen. Deshalb muss allen Anfängen gewehrt werden.

Wir müssen uns z. B. hüten vor Begriffen wie »Homo-Paar«, dem die Assoziation des »Ehe-Paars« innewohnt oder der Wortneuschöpfungen der »homosexuellen Eltern«, die suggerieren sollen, es sei ganz normal und natürlich, wenn Kinder in homosexuellen Konkubinaten aufwachsen.[37] Dies sind für aufgeweckte Leser durchsichtige Versuche über Neu-sprech ein Neu-denk zu erreichen. Noch einmal: George Orwells »1984« lässt grüßen. In der Schweiz schlug eine Behörde ernstlich von, nicht mehr von Vätern und Müttern, sondern nur noch vom geschlechtsneutralen »Elter« zu reden; statt von Vater und Mutter von Elter 1 und Elter 2. »Damit folgen die politisch Verantwortlichen in Bern den Vorschlägen in der Beschlussvorlage 12267 im Ausschuss für Chancengleichheit von Frauen und Männern des Europarates, der gegen die Verwendung von Begriffen wie des Mutterbegriffs in den Nationen kämpfen soll, um Gender-Gleichheit herzustellen.«[38]

36 Vgl. G. Orwell: 1984, Frankfurt, Ullstein, Berlin – Wien 1981, S. 274.

37 Vgl. http://www.medrum.de/content/durchsetzung-schwulenpolitischer-interessen-dient-nicht-dem-kindeswohl [Stand: 05.09.2011]

38 Vgl. http://www.medrum.de/content/mutter-wird-amtlich-durch-das-elter-ersetzt [Stand: 01.09.2011]

Die Gender-Ideologie ist so ein weiteres Einfallstor der Zerstörung der traditionellen Familie. Alles, was hier im Gewand der positiv klingenden Begriffe »Gleichheit«, »Antidiskriminierung«, »Freiheit«, »Toleranz« daherkommt, sind in Wirklichkeit schleichende Gifte, um gerade diese Dinge abzuschaffen. Denn »gleich« sind wir ja sowieso nicht. Ein einfaches Beispiel: Der »Mensch«. Dieser Terminus ist ein Kunstbegriff, um Gleichheit zu suggerieren, die es nicht gibt. Es gibt keinen »Menschen«. Es gibt nur konkrete Individuen. Es gibt nur konkret Männer und Frauen, Arme und Reiche, Dicke und Dünne, dich und mich usw. Das Konzept der Gleichheit ist nur sinnvoll, wenn wir in unserem Rechtsstand vor dem Gesetz gleich sind. Das aber bedeutet, dass Ungleiches auch ungleich behandelt werden muss.

Die Antidiskriminierungs- und Gender-Experten verwischen diesen juristischen und verfassungsmäßig abgesicherten Gleichheitsbegriff. Wie weit die Gleichheitsideologie geht, kann ich aufgrund eigener Erfahrung bei einer chinesischen Asylantenfamilie beschreiben. Die Familie erhielt, obwohl ein Großteil der mittel- und südasiatischen Bevölkerung im Erwachsenenalter durch genetisch bedingte Laktoseintoleranz keine Kuhmilch mehr verträgt, wie alle anderen Asylanten auch, Unmengen von Milch, Butter und Käse, obwohl die Familie das nicht verwerten konnte. Beschwerden blieben erfolglos. Oder ein anderes Beispiel: Plötzlich sind wir eben als Moslems und Christen »gleich«. Folge: Die Kirche soll auch Muslime einstellen müssen. Warum sollte die Egalisierung auch nach der Überwindung der Geschlechter aufhören?

Die »Antidiskriminierung« führt damit schleichend zur Auflösung der Meinungsfreiheit. Denn: Diskriminierung heißt Unterscheidung (von lat.: *discriminare* = trennen, unterscheiden). Genau das verbietet das Gender-Konzept von seinen Grundsätzen her. Wenn aber alles gleich und damit gleichwertig sein soll, dürfen wir noch nicht einmal mehr sagen, dass es Unterschiede gibt und daraus Konsequenzen ziehen. Das bedeutet faktisch, dass wir unsere Sinne, mit denen wir ja nur dank deren Diskriminierungsvermögen etwas wahrnehmen (laut – leise, hell – dunkel, süß – salzig, usw.) in Bezug auf bestimmte Menschen, Eigenschaften, Vorlieben usw. abzuschalten haben. Im Sowjetkommunismus nannte man das noch »Umerziehung«. Wer beispielsweise sagt: Ich will aber keinen homosexuellen Jugendleiter für meinen Sohn, dem kann es in England ergehen wie dem Bischof von Hereford, Antony Priddis, der einen bekennend homosexuellen Bewerber auf eine Jugendleiterstelle seines Bistums ablehnte und dafür zu 47.000 Pfund (damals umgerechnet 63.540 Euro) Strafe und einer »Schulung« bei einer Homosexuellenorganisation verurteilt wurde.[39] Des Weiteren dürfte sich ein Spitzelwesen der politisch Korrekten etablieren. Zum Teil funktioniert dieses schon über Ausgrenzung. Man wird etwa in den Medien mit seiner Meinung nicht berücksichtigt, bekommt eine bestimmte Stelle nicht, usw. Solange in Deutschland die Strafen und sog. Schadenersatzsummen gering sind, mag das ein geringes Opfer sein für den ungebeugten Gang. Aber wenn die

39 Vgl. die Dissertation von Chr. Glechner: »Verfolgung ist ein charakteristisches Zeichen für die Echtheit der Kirche« – Märtyrer seit der Neuzeit und die Aktualität ihres Zeugnisses, Wien 2010, S. 15.

Schadenersatzsummen einst steigen – siehe das Beispiel aus England – oder gar ein Verbandsklagerecht dazu kommt, kann jeder darüber juristisch und finanziell mundtot gemacht und ruiniert werden. Je länger es keinen Widerstand gibt, desto schwieriger wird es zukünftig, noch normal zu leben. Der Phantasie jakobinischen Gesinnungsterrors sind dann – ebenso wie der Volksverdummung – kaum noch Grenzen gesetzt.

Auf einem anderen Gebiet kann man schon einen Vorgeschmack davon bekommen, was es bedeutet, eine eigene Meinung zu haben und behalten zu wollen. So kam es in den letzten Jahren gehäuft dazu, dass völlig unbescholtene Bürger inhaftiert wurden. Ihr Vergehen war die Verweigerung einer Strafzahlung, meist im unteren dreistelligen Bereich. Und das wohlgemerkt zu einer Zeit, in der selbst Intensivstraftäter immer wieder Bewährung bekommen. Was war geschehen? Die Eltern – zumeist aus russlanddeutschen Freikirchen – wollten ihre Kinder selbst aufklären, wie das eigentlich selbstverständliches Elternrecht ist. Als nun ein Aufklärungstheaterstück an der Grundschule gezeigt wurde, dem die Eltern misstrauten, schickten sie ihre Kinder nicht zur Schule und sagten auch ehrlich warum. Die Folge war ein Bußgeld. Da diese Eltern der Meinung waren, recht gehandelt zu haben, verweigerten sie die Zahlung und wurden ersatzweise zu Gefängnisstrafen verurteilt.[40] Aus der Praxis als Lehrer sind Fälle bekannt, die ganz andere Konsequenzen zeitigten. Da wurde auch nicht gelogen, sondern offen gesagt, dass man ein paar Tage früher in die Ferien fliegt oder später zurückkommt. Da wurden Kinder einfach nicht zur Schule geschickt. Die Fehltage addierten sich zu Monaten. Den Eltern, die ihre Kinder wirklich vernachlässigten oder sie die Schule schwänzen ließen, geschah nichts Vergleichbares, von wegen Erzwingungshaft usw.

Bei vergleichsweise harmlosen Theaterstücken bleibt es freilich nicht.[41] Berlin – Speerspitze in der Umsetzung der »politischen Geschlechtsumwandlung« – marschiert in Sachen Frühsexualisierung und Homosexualisierung von Schulkindern straff voran. So will das stets überschuldete Berlin auf Steuerzahlers Kosten selbst Grundschüler entsprechend erziehen. »Conny Kempe-Schälicke, Koordinatorin der Initiative Sexuelle Vielfalt der Senatsverwaltung für Bildung, Wissenschaft und Forschung, erklärt zur

40 Hier eines von zahlreichen Beispielen der letzten Jahre. http://www.medrum.de/content/inhaftierungs-welle-geht-weiter [Stand: 05.09.2011]

41 So wird in Österreich derzeit über die Ausdehnung des »Verhetzungsparagraphen« nachgedacht. Der Informationsdienst medrum berichtete: »Die Presse (Wien) schreibt: ›Ausgeweitet wird trotz Protesten der Verhetzungsparagraph: So soll es künftig auch strafbar sein, gegen Leute wegen ihres Geschlechts, ihres Alters, ihrer Behinderung, Weltanschauung oder sexuellen Neigung zu hetzen. Bisher hatte der Paragraph vor allem Religionen und Völker vor Verhetzung geschützt. Zudem war es bisher nur verboten, gegen die gesamte Gruppe zu hetzen. Nun soll es strafbar werden, auch gegen ein einzelnes Gruppenmitglied ›aufzureizen‹.
Es ist fraglich, ob es in Österreich künftig noch erlaubt sein wird, bestimmte sexuelle Handlungen als unzüchtig, abartig, pervers, unmoralisch oder sündhaft zu kritisieren. Möglicherweise könnte es auch strafbar werden, ablehnende Empfindungen über bestimmte sexuelle Praktiken zu äußern. Nach Darstellung der Presse ist die Ausweitung des Paragraphen umstritten, zumal es für eine Verurteilung ausreiche, wenn man eine Gruppierung ›verächtlich mache‹. In diesen Strafbestimmungen sehen Kritiker eine Einschränkung der Meinungsfreiheit, die sogar Kabarettisten treffen könnte.« http://www.medrum.de/content/droht-oesterreichern-einschraenkung-der-freiheit-sexuelle-neigungen-zu-kritisieren [Stand: 14.09.2011]

Umerziehungskampagne von Schulkindern in der Berliner Zeitung: ›Homosexualität soll dabei nicht herausgestellt werden. Vielmehr geht es um Vielfalt. Weg von der klassischen Vater-Mutter-Kind-Familie, hin zu Modellen, in denen Kinder auch glücklich sein können. Denn das Einzige, was wichtig ist, ist eine liebevolle Umgebung.‹ Kempe-Schälicke will dies Kindern bereits im frühen Alter beibringen, dann, wenn sie gerade lernen, wie Gesellschaft funktioniere, so Kempe-Schälicke laut Berliner Zeitung.«[42] Letztere berichtet über die Umerziehungskampagne unter der Überschrift: *»Neu in der Schule: Schulfach schwul«.*[43]

Laut dem renommierten Internetinformationsdienst »medrum« sind die »Maßnahmen der Umerziehungskampagne [...] äußerst vielgestaltig. Zu ihnen gehören Memory-Spiele für die Jüngsten, die noch nicht schreiben oder lesen können, ebenso so wie Pantomimenspiele von Jugendlichen an Oberschulen, bei denen sie Begriffe wie ›Selbstbefriedigung‹, ›zu früh kommen‹, ›Orgasmus‹, ›Darkroom‹[[44]] pantomimisch darstellen müssen.«[45] Erstaunlich ist nicht nur die Unverfrorenheit, mit der diese äußerst extremen Positionen Kindern und Jugendlichen aufgedrängt werden, sondern vor allem das lautstarke Schweigen der Öffentlichkeit.

Beim Bundeselterntreffen des vom Bundesministerium für Familie, Senioren, Frauen und Jugend geförderten ›Bundesverband der Eltern, Freunde und Angehörigen von Homosexuellen e.V.‹ stellte eine Mitarbeiterin der Berliner Senatsverwaltung für Bildung, Wissenschaft, Forschung, im Rahmen der Podiumsdiskussion zum Thema: »Wir brauchen ›Homo-Kunde‹ in Kindergarten und Schule« klar: »Die Senatsverwaltung ist am Thema. Es gibt seit 2010 eine Senatsinitiative, die wesentlich auf strukturelle Änderungen abzielt. Der Senat will mit Hilfe einer ›Top-Down‹-Strategie vorgehen, d.h. Maßnahmen werden auf den Ebenen der Schulaufsicht, dann der Schulleitungen bis in die Lehrerkollegien und zu den Elternvertretern umgesetzt. In Schulbüchern sollen Lebensweisen von homosexuellen Menschen dargestellt werden. Für die Lehrerausbildung sind reguläre Seminare vorgesehen, ebenso für die Referendarausbildung.«[46]

Hier liest man von der ›Top-Down‹-Strategie. Was man also über vernünftiges Zureden nicht erreichen kann, weil das erstrebte Ziel in sich schon unvernünftig ist, will man

42 http://www.medrum.de/content/berlin-macht-mit-sexueller-umerziehung-ernst [Stand: 09.09.2011]

43 Ebd.

44 Laut dem Internetlexikon Wikipedia ist ein »Darkroom« wie folgt definiert: »Ein Darkroom (engl., eigentlich für Fotografische Dunkelkammer für die Bearbeitung von lichtempfindlichen Materialien, im englischsprachigen Raum allerdings backroom/back room (›Hinterzimmer‹) genannt, im Beamtendeutsch auch als beruhigter Gastraum bezeichnet) ist ein spärlichst beleuchteter Raum für Sexualkontakte (fast ausschließlich zwischen homosexuellen Männern) in einem einschlägigen Lokal.« http://de.wikipedia.org/wiki/Darkroom (Stand: 09.09.2011]

45 http://www.medrum.de/content/berlin-macht-mit-sexueller-umerziehung-ernst [Stand: 09.09.2011]

46 Bundesverband der Eltern, Freunde und Angehörigen von Homosexuellen e.V.: Liebe, Menschsein und Sexualität – Sich verbünden gegen Homophobie, Hannover 2011, S. 35f.

schlicht auf dem hierarchischen Dienstweg mit ›Aufsicht‹ und ›Leitung‹, sowie entsprechendem Propagandamaterial durchsetzen. Dieser Weg berührt schon merkwürdig und es muss die Frage erlaubt sein, ob er einer Demokratie würdig ist, oder ob hier nicht schon andere Systeme an die Tür klopfen.

Bestätigung findet man für solche Befürchtungen, wenn man das entsprechende, obig bereits erwähnte, Unterrichtsmaterial zu Hand nimmt und sich in die Einführung »Das Thema ›Gleichgeschlechtliche Lebensweisen in Schule und Unterricht‹« vertieft. Dort wird der Leser, bzw. Lehrer, auf sonst in derartigen Handreichungen unübliche Weise zunächst einer Eloge auf die gesetzlichen Grundlagen des Unterrichts, den er nun nach dieser Handreichung gestalten soll, ausgesetzt:
»Das neue Schulgesetz für das Land Berlin formuliert einen hohen und sehr begrüßenswerten Anspruch an die Berliner Schule und die in ihr tätigen Lehrerinnen und Lehrer.«[47]
Angesichts derartigen Eigenlobes wirkt die sich anschließende Zitation des §1 SchulG schon fast unfreiwillig komisch, wird da doch als Ziel ein ›Höchstmaß an Urteilskraft‹ angegeben.

SchulG §1 »Auftrag der Schule ist es, alle wertvollen Anlagen der Schülerinnen und Schüler zur vollen Entfaltung zu bringen und ihnen ein Höchstmaß an Urteilskraft, gründliches Wissen und Können zu vermitteln.«[48]

§2 (1) »Jeder junge Mensch hat ein Recht auf zukunftsfähige schulische Bildung und Erziehung ungeachtet seines Geschlechts, [...] seiner sexuellen Identität und der wirtschaftlichen oder gesellschaftlichen Stellung seiner Erziehungsberechtigten.«[49]

Wie das erreicht werden soll, angesichts eines in hohem Maße gelenkten Unterrichtsmodells bleibt das Geheimnis der Verfasser – außer man unterstellt, dass nur der zustimmende Genuss derartigen Unterrichts ein ›Höchstmaß an Urteilskraft‹ zeigt.

Wohin die Reise geht, entfaltet die Einführung im Anschluss an die Gesetzestexte. »Dies beinhaltet zum einem das Verbot jeglicher Diskriminierung lesbischer und schwuler Jugendlicher – und dazu gehören auch Ignoranz und Negation –, zum anderen die

---

47 M. Fuge; L. Lähnemann; M. Wichniarz: Lesbische und schwule Lebensweisen – Handreichung für den fächerverbindenden und fachübergreifenden Unterricht in der Sekundarstufe I und II der Berliner Schule, für die Fächer Biologie, Deutsch, Englisch, Ethik Geschichte/Sozialkunde, Latein, Psychologie, herausgegeben vom Landesinstitut für Schule und Medien Berlin-Brandenburg (LISUM), S. 10.

48 Schulgesetz für das Land Berlin (SchulG), 26. Januar 2004 (GVBl. S. 26), §1 Auftrag der Schule, zitiert nach: M. Fuge; L. Lähnemann; M. Wichniarz: Lesbische und schwule Lebensweisen – Handreichung für den fächerverbindenden und fachübergreifenden Unterricht in der Sekundarstufe I und II der Berliner Schule, für die Fächer Biologie, Deutsch, Englisch, Ethik Geschichte/Sozialkunde, Latein, Psychologie, herausgegeben vom Landesinstitut für Schule und Medien Berlin-Brandenburg (LISUM), S. 10.

49 Schulgesetz für das Land Berlin (SchulG), 26. Januar 2004 (GVBl. S. 26), § 2 (1) Recht auf Bildung und Erziehung, zitiert nach: M. Fuge; L. Lähnemann; M. Wichniarz: Lesbische und schwule Lebensweisen, a.a.O.

Aufforderung, das Klima an den Schulen in Bezug auf Homosexualität weiterhin zu verbessern.«[50]

Das bedeutet übersetzt doch nicht weniger, als dass alle gezwungen sein sollen, Homosexuelle positiv zu beachten. Dabei bleibt es dem Schüler offenbar nicht mehr zugestanden eine vernünftige Akzeptanz mit kritischer Distanz zu wahren, die eventuell bestimmte Dinge lieber nicht wissen will.

Ob mit dem zitierten Kommentar zum Gesetz dessen Wirkungskreis zutreffend beschrieben ist, sei hier dahingestellt. Schlimm ist, dass diese Auslegung des Gesetzes offiziell verbreitet und Lehrern zur Vorbereitung ihres Unterrichts zugemutet wird. Dabei vermisst man leider eine gewisse Ausgewogenheit und Gedanken über Folgenabschätzungen, zumal man sich über mögliche persönliche Interessenleitung zumindest zweier Autoren nach deren Selbstvorstellung in der Broschüre ebenfalls keine Gedanken mehr machen muss: »Martin Fuge, geb. Haupt, Lehrer, Projektmitarbeiter bei Aufklärung und Beratung zu lesbischen, schwulen, bisexuellen und transgender Lebensweisen ABqueer. e.V. [...] Lela Lähnemann, Senatsverwaltung für Integration, Arbeit und Soziales, Fachbereich für gleichgeschlechtliche Lebensweisen.«[51]

Man kann Eltern eigentlich nur noch die Gründung von Privatschulen empfehlen.

Gender Mainstreaming total! – oder totalitär?

Doch Gender Mainstreaming gibt sich nicht mit der Frühsexualisierung von Kindern und dem Verwirrspiel mit den Identitäten zufrieden. Es genügt nicht, schon als Kleinkind zu lernen, dass auch zwei »Väter« oder zwei »Mütter« ganz chic sind und man als Junge später keineswegs nur die Martina heiraten kann, sondern, dass das jetzt auch mit dem Martin geht. Und dass es noch viel interessanter ist, wenn der Martin sich dann schminkt und Martina nennt ...

Es reicht auch nicht, dass Mädchen zu Kratzbürstigkeit erzogen werden und Jungen das Schminkset samt Prinzessinnenkostüm bekommen.[52] Nein, auch die Natur hat sich den Wahnvorstellungen feministischer Hybris zu unterwerfen.

---

50 M. Fuge; L. Lähnemann; M. Wichniarz: Lesbische und schwule Lebensweisen, a.a.O.

51 Ebd. S. 4.

52 Seit 1999 gibt es den ersten »geschlechtersensiblen Kindergarten« in Wien. Auf der Homepage der besagten Einrichtung erfährt man: »Bei uns gibt es besondere Förderung für Mädchen«. Die besteht in »sich wehren und verteidigen (zwicken in der Krippe, verdrängen vom Platz in der Garderobe, wegnehmen der Autos)« und »schreien und auf sich aufmerksam machen können«. »Bei uns gibt es besondere Förderung für Jungen«. Denen soll interessanterweise genau dieses Verhalten aberzogen werden. Hier will man »Konflikte begleiten (Alternativen zu Schreien, Toben, Hinhauen anbieten)«. Mädchenförderung bedeutet dann natürlich auch »geschlechtergerechter Sprachgebrauch (direkt ansprechen, Verwendung der weiblichen Formen)« und mündet in der »Ermutigung, sich den Platz zu nehmen, den sie brauchen und der ihnen zusteht (Bsp. Schutzräume

Welche Blüten dieser Wahn treibt, berichtete sogar der Spiegel - im Allgemeinen ein Magazin, das konservativer Umtriebe unverdächtig ist.

»Der Nationalpark Eifel ist ein schöner Flecken Erde zwischen Bonn und Aachen. Lichte Buchenwälder wechseln sich ab mit duftenden Heidewiesen. Es ist ein Ort, an dem alle Menschen gleichermaßen Ruhe und Erholung finden, Männer wie Frauen; ein Ort, so möchte man meinen, wo der Geschlechterkampf pausiert.

Das Umweltministerium Nordrhein-Westfalen traute dem Frieden nicht und schickte ein Expertenteam los, eine Soziologin, eine promovierte Ökotrophologin, sie hatten einen wichtigen Auftrag: ›Gender Mainstreaming im Nationalpark Eifel – Entwicklung von Umsetzungsinstrumenten‹. Das klingt kompliziert, aber dahinter stand die Überzeugung, dass Sexismus nicht vor den Grenzen eines Naturschutzgebiets haltmacht.

Nach elf Monaten Arbeit legte das Forscherteam einen 67-seitigen Abschlussbericht vor. Es empfahl zum Beispiel, Bilder von der Hirschbrunft möglichst aus Werbebroschüren zu streichen, denn so etwas fördere ›stereotype Geschlechterrollen‹. Die Landesregierung überwies 27 000 Euro für die Studie.«[53]

Ein weiteres Beispiel aus Berlin.
Hier »spielten Dissens-Mitarbeiter bei einer Projektwoche mit Jungs in Marzahn einen ›Vorurteilswettbewerb‹, an dessen Ende die Erkenntnis stehen sollte, dass sich Männer und Frauen viel weniger unterscheiden als gedacht. Es entspann sich eine heftige Debatte, ob Mädchen im Stehen pinkeln und Jungs Gefühle zeigen können, Sätze flogen hin und her. Am Ende warfen die beiden Dissens-Leute einem besonders selbstbewussten

---

schaffen, Quotenregelung, Mädchenvormittag)«. Jungenförderung dagegen bedeutet: »Unterstützung beim Ertragen von Frustration«. Diese Unterstützung werden sie bei dem Programm wohl auch brauchen. Natürlich werden die Jungen auch gefördert beim »Verlieren, beim Warten und Zurückstecken eigener Bedürfnisse«. Zum Ausgleich dürfen sie mit Puppen spielen, lernen die »positive Besetzung von Schlüpfen in ›weibliche‹ Rollen (Prinzessinnenkleid, Nägel lackieren)« und »positive Körperwahrnehmung (Massage, Kosmetikkorb – eigenen Körper pflegen und achten, schön sein, Anbieten von männlichem und weiblichem Verkleidungsmaterial – in andere Rollen schlüpfen), fürsorgliche und behutsame Interaktion mit anderen Kindern aufnehmen)«. Und sie bekommen »Bildungsgut«. Darunter verstehen die geschlechtersensiblen Pädagoginnen bei Mädchen offenbar »Technik, Werken, Computer«, während die Jungen »Rollenaufteilungen beachten und ändern, kritisch hinterfragen, Alternativen anbieten)« lernen dürfen.
Vgl. http://www.fun-and-care.at/paedagogik:php?Titel=Geschlechtssensible+P%E4dagogik [Stand: 05.09.2011]
Es ist schon nicht ganz uninteressant, wie hier Eigenschaften, die doch angeblich so »böse« sind und den Jungen abgewöhnt werden sollen, den Mädchen anerzogen werden. Hier geht es noch nicht einmal mehr um Gleichheit, sondern schlicht um Rollentausch, um nicht zu sagen Herrschaft. Hinter all den Großworten steckt eine »hidden Agenda«, eine Subbotschaft, die eigentlich durchgesetzt werden soll und die keineswegs Gleichberechtigung oder Gleichheit vor dem Gesetz sucht, sondern Macht will. C. S. Lewis bemerkte schon in den vierziger Jahren des letzten Jahrhunderts recht scharfsinnig: »Denn die Macht des Menschen, aus sich zu machen, was ihm beliebt, bedeutet, wie wir sahen, die Macht einiger Weniger, aus anderen zu machen, was ihnen beliebt.« Vgl. Lewis: Abschaffung, S. 62.

53 René Pfister: Der neue Mensch, in: Der Spiegel, Nr. 1/2007 vom 30. 12. 2006, S. 27.

Jungen vor, ›dass er eine Scheide habe und nur so tue, als sei er ein Junge‹, so steht es im Protokoll.

Einem Teenager die Existenz des Geschlechtsteils abzusprechen ist ein ziemlich verwirrender Anwurf, aber das nahmen die Dissens-Leute in Kauf, ihnen ging es um die ›Zerstörung von Identitäten‹, wie sie schreiben. Das Ziel einer ›nichtidentitären Jungenarbeit‹ sei ›nicht der andere Junge, sondern gar kein Junge‹.«[54]

Was muss man nun tun, um eine Ideologie, die so sichtbar der Lebenswirklichkeit zuwiderläuft, dennoch in der Breite durchzusetzen? Von unten nach oben macht wenig Sinn, weil es die meisten Menschen aus naheliegenden Gründen schlicht nicht interessiert. Eine breite Basisbewegung wird es so wohl kaum geben. Bleibt also nur die sogenannte »Top-down-Methode«, d. h. die Ideologie, muss von oben nach unten möglichst umfassend durchgeschaltet werden. Das, was also hier vorgeblich im Namen der Freiheit geschieht, wird in der Realität über Druck erreicht. Das bedeutet, Schlüsselpersonen werden in der Gender-Strategie geschult und suchen nun loyale Mitarbeiter, die sie auf diese Sicht einschwören. Ziel ist es laut einer Broschüre für Fortbildungsleiter im Bereich der bayerischen Behörden, »nach und nach alle Bereiche« zu »gendern«. Die Broschüre ist zwar nur ein »Hinweis« und keine Dienstordnung, befleißigt sich aber einer Diktion, die klar macht, dass es um Befehl und Gehorsam geht. Die Hinweise wünschen keine Diskussion und erlauben keinen Widerspruch. Die Worte »können«, »sollen« usw., kommen praktisch nicht vor. Dagegen ist viel von »muss«, »haben hinzuführen«, »sind zu« usw. zu lesen.[55]

Was macht man nun, um diesen Unsinn gesamtgesellschaftlich zu implementieren? Die »Top-Down-Strategie« funktioniert ja nur innerhalb bestimmter Abhängigkeitsverhältnisse. Wenn ein Mitarbeiter keine Beförderung will, ökonomisch unabhängig ist oder einfach in einem Betrieb arbeitet, der keine Gleichstellungsbeauftragte hat, oder eine Gleichstellungsbeauftragte, wie es sie kürzlich noch in Goslar gab, die sich tatsächlich Gleichstellung von Frauen und Männern und nicht Feminismus auf die Fahnen geschrieben hatte,[56] muss man ja trotzdem irgendetwas unternehmen.

---

54 Ebd. S. 27 f.

55 Bayerisches Staatsministerium für Arbeit und Sozialordnung, Familie und Frauen: Hinweise zur Geschlechtersensiblen Sichtweise (Gender Mainstreaming) für Referentinnen und Referenten. Herausgegeben vom Referat P3 »Qualifizierung« und der Leitstelle für die Gleichstellung von Frauen und Männern.

56 »Die Gleichstellungsbeauftragte der Stadt Goslar wurde am Dienstag nach dreijähriger Amtszeit abgesetzt. Die Ursache für diesen ungewöhnlichen Vorgang: Die Amtsinhaberin Monika Ebeling (SPD-Mitglied), eine studierte Sozialpädagogin und Leiterin einer Kindertagesstätte, hat den politischen Willen in Goslar missachtet. Sie trat nicht nur für die Gleichstellung von Frauen, sondern auch für die von Männern ein. Dies brachte die Gemüter der grünen und linken Lokal- und Frauenpolitiker zum Kochen. Nachdem Ebeling durch Abwahl zur Strecke gebracht wurde, sind die Weichen gestellt, um im Gleichstellungsgeschäft die gewünschte Normallage einnehmen zu können: Gleichstellung muss in Goslar auf Frauen fokussiert sein. Denn Ebelings Fokus war ›verrutscht‹, wurde argumentiert.« Vgl. K. J. Heinz: Frauen müssen in Goslar gleicher

Ein probates Mittel ist das Erzeugen und Nutzen finanzieller Notlagen. Zusammen mit der immer wieder publizierten Behauptung, dass beide Ehepartner arbeiten gehen müssen (oft geht es tatsächlich nicht anders), hat sich eine Situation entwickelt, die dafür sorgt, dass dieser Zwang zu einer gesellschaftlichen Wirklichkeit wird. Erst einmal nimmt man Familien über Steuern viel Geld weg. Dann bekommt man für Wohlverhalten großzügig einen Teil über Subventionen zurück. Elterngeld mit Vätermonaten z. B. und noch mehr Geld bekommt faktisch, wer seine Kinder dem Staat zur Erziehung überlässt. Hoch subventionierte Kinderkrippen und Ganztagesschulen sind die Mittel der Wahl. Das bedeutet, anstatt den Familien ihr Geld zu lassen und die freie Entscheidung, zwingt man Frauen mitzuverdienen (ob sie wollen oder nicht), damit nachher eine Tagesmutter bezahlt werden kann. Das ist in etwa so sinnvoll, wie wenn man als Bauer ein Schwein verkaufen muss, um nachher beim Metzger ein Pfund Schnitzel zu bekommen.

»Eltern dürfen Kinder auf die Welt bringen, ins Bett bringen und dann wieder abgeben«, klagte letzthin eine junge Mutter. Um sicherzustellen, dass Frauen nicht auf die Idee kommen, ihre Kinder selbst zu erziehen, werden sie systematisch schlechter gestellt, z. B. durch stückweises Zurückfahren der Witwenrente, Änderungen im Unterhaltsrecht, obwohl die Frauen doch einen unglaublichen Anteil der Familienarbeit leisten. Das wird zukünftig nicht mehr, bzw. noch weniger, honoriert. Vielmehr sollen beide Elternteile erwerbsmäßig arbeiten und zusätzlich noch den Haushalt machen und zusätzlich Kinder erziehen. Doch der Tag hat nur 24 Stunden. Wie gut, dass es den Staat gibt, der die Kinder nimmt – und damit mit erzieht! Da Gender Mainstreaming eine Leitaufgabe ist, wird sie langfristig mehr oder minder in allen erzieherischen Einrichtungen von der Krippe bis zur Universität[57] eine Rolle spielen.

Die Behauptung, Mütter würden die freie Wahl zwischen Beruf und Erziehungsarbeit haben, ist also keineswegs wahr. Das Geld, das man Familien zur Subventionierung von Erziehungseinrichtungen wegnimmt, könnte man doch auch denen anbieten, die ihre Kinder selbst erziehen wollen. Warum tut man das wohl nicht?

Es gibt im Einzelfall sicher gute Gründe für die Kinderkrippe. Doch wie in den Ausführungen des Neurophysiologen Professor Spreng sichtbar wird, sind Krippenkinder

sein – Gleichstellungsbeauftragte Ebeling abgesetzt, in: medrum – Christliches Informationsforum. http://www.medrum.de/content/frauen-muessen-goslar-gleicher-sein-gleichstellungsbeauftragte-ebeling-abgesetzt [Stand: 05.09.2011]

57 Apropos Universität. An manchen besonders »fortschrittlichen« Universitäten wurden schon die getrennten Toiletten abgeschafft. Es gibt ja keine Männer und Frauen im eigentlichen Sinn, sondern nur Menschen – da reicht eine Toilette. Die Gender-Expertin Babette Rohner lässt uns wissen: »An der Humboldt-Universität, in den Räumen des Gender-Studienganges, gibt es jetzt nur noch unisex – Toiletten und Toiletten für Behinderte.« Vgl. B. Rohner: Die Bedeutung von Gender in der aktuellen Diskussion, in: Was Sie schon immer über Gender wissen wollten ... und über Sex nicht gefragt haben, hgg. von Leah C. Czollek und Heike Weinbach, Berlin 2003, S. 15.

statistisch im Entwicklungsnachteil.[58] Und wieder wird behauptet, alles geschähe, um uns freier zu machen, die Ketten von Kinder, Küche, Kirche zu brechen, das Beste für die Entwicklung der Kinder zu tun. Der Leser wird im Laufe des Buches sehen, was das Beste ist, und was Entwicklung stört. Doch worum geht es wirklich?

Im Juli 2007 gab Ingrid Sehrbrock[59] der »Westdeutschen Zeitung«[60] ein Interview. Die CDU- und Gewerkschaftsfunktionärin sagte: »Unser Ziel muss sein, dass der Besuch von Krippen, Kindergärten und Ganztagsschulen verpflichtend wird.« Wenn man es ernst nehme mit der »Chancengleichheit« der Kinder, dürfe es »keine Wahlfreiheit für die Eltern« geben, fügt sie hinzu.[61]

Es geht also um nicht weniger als unsere Freiheit und das gottgegebene Recht, eigene Kinder nach eigenen Werten zu erziehen. Nicht die Eltern sollen wissen, was am besten für ihr Kind ist, sondern wieder einmal der Staat. So kommen wir immer weiter weg von der Subsidiarität hin zur Bevormundung – im Namen der Chancengleichheit. Schon wieder Gleichheit statt Bürgerrechte!

Was ist nun dran an der vorgeblichen Konstruktion unserer Welt? Was ist mit all den Phänomenen, die wir als »natürlich« empfunden haben? Sind sie tatsächlich nur Einbildung? Gibt es keine wenigstens näherungsweise objektive Wirklichkeit? Spiegeln die Forschungsergebnisse selbst der Naturwissenschaften nur die Vorurteile der Gelehrten wider und sind sie »also prinzipiell wertlos«?[62]

Wir alle haben unseren Verstand, und noch zwingt uns niemand ihn abzuschalten. Urteilen wir selbst aufgrund unserer Beobachtungen, aufgrund der Erkenntnisse der Gehirnforschung, die uns der Neurophysiologe Professor Manfred Spreng vorstellt, aufgrund unserer eigenen Überlegungen, die wir an den Explorationen des Philosophieprofessors Harald Seubert spiegeln und vorantreiben lassen. Beide Beiträge stammen von bekennenden Christen. Doch die Verfasser argumentieren aus der Sache und dem Kenntnisbestand ihrer Disziplinen, so dass die Argumente allen Lesern, wie immer sie zum Glauben stehen mögen, einleuchten können.

---

58 Vgl. Beitrag von M. Spreng in diesem Buch, von Seite 57–59

59 Wer ist Frau Sehrbrock? Laut Wikipedia [Stand 03.09.2011] wurde sie nach einer Tätigkeit als Lehrerin 1987 persönliche Referentin der Staatssekretärin für Frauenangelegenheiten des Landes Hessen, danach (1989) Bundesgeschäftsführerin der Frauen-Union der CDU und Leiterin der Abteilung Frauen- und Familienpolitik der CDU. Seit 1999 ist Sehrbrock Mitglied des Geschäftsführenden Bundesvorstandes des DGB, in dem sie das einzige CDU-Mitglied ist.

60 http://www.wz-newsline.de/home/politik/frau-sehrbrock-warum-lassen-sie-den-eltern-nicht-die-wahl-1.468519 [Stand: 03.09.2011]

61 http://www.zeit.de/online/2007/29/krippenzwang-dgb [Stand: 03.09.2011]

62 Vgl. F. Gerbert: Verque(e)re Welt.

Eltern sollten sich nicht länger durch den vorgegebenen und vorgeblichen ›Mainstream‹ einschüchtern lassen. Meistens ist man nicht der Einzige, dem etwas merkwürdig vorkommt. Doch es bedarf des ersten, der ruft: »Der Kaiser ist ja nackt!«. Es bedarf der Stimme dés gesunden Menschenverstandes, klarer Argumente und mutigen Eintretens für die als wahr erkannte Sache. Es geht dabei um nicht weniger, als Grundrechte, wie die Meinungsfreiheit. Und es geht um die Kinder und das natürliche Recht der Eltern besser zu wissen, was gut für sie ist, als staatliche Stellen. Es wird endlich Zeit, dass wir uns informieren und aktiv werden und organisieren, unsere Stimme erheben, wenn uns etwas nicht richtig vorkommt!

Andreas Späth
Invokavit 2012

Adam und Eva – Die unüberbrückbaren neurophysiologischen Unterschiede

MANFRED SPRENG

1. Einleitung

Die Ideologie des »Gender Mainstreaming« versucht in einem breiten Prozess die geschöpflich vorgegebenen und zweifellos auch bis zu einem gewissen Grad gesellschaftlich, sozial und kulturell geprägten Geschlechterrollen von Frauen und Männern radikal zu verändern. Bedeutsam sei dabei nicht mehr das biologische Geschlecht (Sex), sondern vor allem ein »selbstdefinierbares soziales Geschlecht« (Gender).[1] Damit wären die biologischen Unterschiede für die Identität des Menschen ohne Bedeutung; geschlechtliche Zuordnung sei frei wählbar.

In sogenannten »Genderstudies« wird bereits an vielen Universitäten sogar gelehrt, dass es ein mit der Geburt vorgefertigtes Geschlecht des Menschen nicht gibt. Der Mensch sei vielmehr ein rein historisch/kulturelles Konstrukt, welches nach Belieben konstruiert und insbesondere **dekonstruiert** werden kann und soll.[2]

So hat beispielsweise schon vor ca. 40 Jahren der, allerdings am späteren Selbstmord seines chirurgisch und hormonell »geschlechtsgewandelten Vorzeigepatienten« gescheiterte Psychiater und Sexualwissenschaftler Dr. John Money formuliert: *»Allein die Erziehung in den frühen Lebensjahren ist für die Ausprägung einer sexuellen und geschlechtsspezifischen Identität relevant, nicht das biologische Geschlecht.«*[3]

Ebenso heißt es auch auf der offiziellen Internetseite des Bundesfamilienministeriums: *»Diese (Geschlechterrollen) sind – anders als das biologische Geschlecht – erlernt und damit auch veränderbar«.*[4]

Im Endeffekt soll dadurch, dass Gender – auch politisch gewollt und unterstützt- zum Hauptstrom (engl. Mainstream) wird, jedes Bewusstsein für die einmalige Mann/

1 G. Kuby: Verstaatlichung der Erziehung: Auf dem Weg zum neuen Gender-Menschen. fe-medienverlag, Kissleg 2008; vgl. auch S. Kummer: Das Unbehagen in der Gleichheit. Auswege aus der Gender-Sackgasse, in: Imago Hominis, 13(2), Wien 2006, S. 105–122.

2 J. Butler: Das Unbehagen der Geschlechter. Suhrkamp Verlag, Frankfurt 1991.

3 J. Money: Psychoneuroendocrinology. A first person history of pediadric psychoneuroendocrinology. Springer, Berlin-Oxford-New York 2002.
Vgl. hierzu auch V. Zastrow: Der kleine Unterschied, in: FAZ vom 07.09.2005, Nr. 208, S. 8 und ders.: Politische Geschlechtsumwandlung, in: FAZ vom 19.06.2006, Nr. 139, S. 8.

4 www.bmfsfj.de/RedaktionBMFSFJ/Broschuerenstelle/Pdf-Anlagen/flyer-gender-mainstreaming,property=pdf.pdf [Stand: 07.09.2011]

Frau-Gegebenheit durch Umerziehungsprozesse, die besonders im Schlüsselbereich der Pädagogik, sogar bereits im Kindergarten, ja schon in der Krippenerziehung, Eingang finden, langfristig gelöscht werden.

Es soll deshalb an dieser Stelle aus naturwissenschaftlich/medizinischer Sicht überprüft werden, ob in der Tat derartige massive dekonstruktive Veränderungen denkbar und für bestimmte, scheinbar gesellschaftlich besonders relevante Notwendigkeiten zweckmäßig sind, oder ob nicht – wie auch bei anderen, gegen geschöpfliche Vorgaben gerichtete, Tendenzen beobachtbar – psychische und letztlich somatische Beeinträchtigungen und Schädigungen der Menschen die Folge derartiger, die menschliche Identität vergewaltigender, dekonstruktiver Bestrebungen sein können.

Dabei wird hier bewusst der auch von den heftigsten Anhängern der Gender-Mainstreaming-Bewegung nicht wegzuleugnende, offensichtliche Rollenunterschied im Zusammenhang mit der Fortpflanzung weitestgehend ausgeklammert bleiben, da die eigentlichen Unterschiede der Geschlechter nicht primär in diesem Bereich zu suchen sind.

Vielmehr wird, den Bestrebungen der Gender-Mainstreaming-Tendenz einer sogenannten »geistigen Geschlechtsumwandlung« folgend, im Wesentlichen der Frage nachgegangen, inwieweit auf zentralnervöser Ebene der Informationsverarbeitung geschlechtsspezifische Unterschiede vorliegen und möglicherweise irreversibel prägend und damit unüberbrückbar und nicht dekonstruierbar sind.

Dabei werden die Fakten zeigen, dass nicht vordergründig sichtbare Unterschiede die Hauptrolle spielen, sondern dass die wichtigsten, prägendsten und auch bereicherndsten Unterschiede in den Bereichen »physiologische Abläufe«, »zentralnervöse Informationsverarbeitung« und »genuinen, also angeborenen Denk- und Bewertungsprinzipien« zu finden sind, in Denk- und Bewertungsprinzipien, welche sich eben nicht einfach beispielsweise mit unterschiedlichen sozialen Erfahrungen in der Kindheit oder sonstigen sozio-kulturellen Einflüssen erklären lassen.

2. Unterschiede in der hormonellen Informationsverarbeitung

Der Organismus kennt zwei Arten der Informationsübertragung und -verarbeitung. Diese stützen sich einmal auf die wohlbekannten Nerven, deren schnelle Leitungsaufgabe von elektrischen Signalen die Basis für die Funktionen unserer Sinnesorgane und unserer Motorik bilden. Zusätzlich dienen bestimmte Substanzen, die sogenannten Hormone, als langsamere aber dauerhaftere chemische Nachrichtenträger der Informationsübermittlung im Organismus, wobei der Transportweg durch die Blutbahn gebildet wird.

Hormone werden in bestimmten Drüsenzellen im Körper und auch von Nervenzellen im Gehirn produziert und abgegeben und bewirken an ihren Zielorganen über die Zellmembranen oder auch direkt im Zellkern eine Vielzahl von hemmenden oder stimulierenden Prozessen.

Die überaus komplexen und auch stark mit der Fortpflanzungsaufgabe zusammenhängenden hormonellen Informationsprozesse, welche kybernetisch analysierbare Steuerungs- und Regulationsaufgaben zum Erhalt der körpereigenen Homöostase besitzen, weisen zwar enorme Unterschiede zwischen den Geschlechtern auf. Sie sollen jedoch in der Folge nur insoweit Erwähnung finden, als sie mit irreversiblen geschlechtsspezifischen zentralnervösen Gegebenheiten beziehungsweise Verarbeitungsprozessen zusammenhängen.
Es sei an dieser Stelle nur vermerkt, dass weibliche Individuen durch ihre spezifischen hormonellen Einflüsse gegenüber männlichen Individuen geschöpflich vorgegebene ausgeprägte Schutzmechanismen besitzen.
Dies zeigt sich zum Beispiel darin, dass Frauen zwei bis viermal weniger bezüglich Hirninfarkt beziehungsweise Herzinfarkt gefährdet sind als Männer. Allerdings ist dieser Schutzmechanismus nicht mehr gegeben, wenn gegen diese Vorgaben gehandelt wird und gleichzeitig Zigarettenkonsum vorliegt und Kontrazeptiva eingenommen werden. In diesem Falle liegt hinsichtlich derartiger Gefährdung eine Gleichheit beider Geschlechter vor, wobei hinsichtlich der Kontrazeptiva der extern steuernde Eingriff in die Funktionen des hochkomplexen hormonellen Regelsystems des weiblichen Körpers nicht nur die Gefahr einer Desensibilisierung birgt, sondern auch der Wirkung von Stresshormonen (Cortisol) ähnelt mit vergleichbaren Folgen hinsichtlich Bluthochdruck, Plasma-Viskosität (Thrombose), Myokardinfarkt und Schlaganfall.

So wichtig die unterschiedlichen hormonellen Steuerungs- und Regulationsvorgänge für die Gesundheit der weiblichen und männlichen Organismen sind, so liegen doch die eigentlich relevanten Unterschiede in den Gehirnen der beiden Geschlechter. Hier finden sich in mindestens sieben (7) Bereichen der Gehirne von Mann und Frau klare morphologische Unterschiede (Volumenunterschiede, Zellzahlunterschiede, Unterschiede in der Verschaltung usw.), deren physiologisch-funktionelle Bedeutung und damit deren Einfluss auf die jeweiligen Individuen in der Folge herausgearbeitet werden soll.

3. Geschlecht und Zwischenhirn

Eine zentrale Schaltstelle des Gehirns hinsichtlich Verarbeitung der Informationen, welche vom übrigen Zentralnervensystem zur Großhirnrinde gelangen und die verantwortlich für die Regulation autonomer, endokriner und viszeraler Funktionen ist, stellt das zwischen Stammhirn und Großhirnrinde liegende Zwischenhirn dar.

Hier finden sich eine Reihe interessanter Beispiele für Geschlechtsdimorphismen, auf die zunächst etwas näher eingegangen werden soll.

Dabei handelt es sich um Bereiche des Zwischenhirns, die mehr oder weniger genau hinsichtlich Struktur, Verbindung zu anderen Gebieten und auch teilweiser funktioneller Spezialisierung erkennbar bzw. separierbar sind. Es sind dies Gruppierungen von zentralnervösen Schaltelementen, den sogenannten Neuronen, die durch unterschiedlich lange Nervenbahnen vielfach miteinander und mit anderen Neuronengruppierungen verbunden sind.

Sie werden als Kerngebiete (Nuclei) bezeichnet und enthalten im Mittel ca. 30.000 bis 40.000 einzelne Schaltelemente.

3.1 Unterschiedliche Volumen und Anzahl von Neuronen im vorderen Hypothalamus

oder warum Männer trinken und Frauen depressiv werden[5]

So findet sich in einem kleinen Teil des vorderen Hypothalamus ein Bereich, in dem eine deutliche irreversible geschlechtliche Differenzierung vorliegt.[6]
Bei männlichen Individuen sind das Volumen des Kerngebietes und die Anzahl dortiger Neuronen größer als bei den weiblichen. Dieser geschlechtsdimorphe Kern des sogenannten präoptischen Areals (SDN-POA: sexually dimorphic nucleus of the präoptic area) ist im Abbildung 1 auf Seite 33 (links) gut zu erkennen und zeigt anhand der schwarzen Fläche die etwa um den Faktor 2 geringere Größe bei weiblichen Individuen.[7]

Des Weiteren zeigt Abbildung 1 auf Seite 33 quantitativ die deutlichen Unterschiede der Zellzahlen (oberer Teil) als auch der Volumen (unterer Teil) für die Altergruppen 10 bis 40 Jahre. Mit dem Alter des Menschen nehmen die Zellzahl und das Volumen zwar ab. Allerdings bleibt die Struktur in jedem Lebensstadium bei Männern stets größer als bei Frauen.[8]

---

5 Zum besseren Verständnis der funktionellen Bedeutung der jeweiligen Unterschiede in den betreffenden Gehirnregionen von Mann und Frau sei vor jedes Unterkapitel eine plakative Bemerkung vorangestellt, die keinesfalls einen wissenschaftliche Anspruch erhebt, sondern mehr scherzhaft das Alltagsverhalten der Geschlechter kennzeichnen soll. Diesbezüglich ist weiterhin zu bemerken, dass damit allenfalls eine typisierende Aussage versucht wird. Einzelpersonen aus den Geschlechtern können deutlich von dieser plakativen Typisierung abweichen.

6 D. Kelly; T. M. Jessel: Geschlecht und Gehirn, in: E. R. Kandel; J. H. Schwartz; T. M. Jessel (Hrsg): Neurowissenschaften, Spektrum Akademischer Verlag, Heidelberg – Berlin – Oxford, 1996.

7 R. A. Gorski: Sexual differentiation of the brain: Mechanisms and implications of neurosciences. In: S. Easter; K. F. Barald; B. M. F. M. t. M. Carlson (Hrsg.): Sinauer pp. 256–271, Sunderland, Mass., 1988.
B. S. Mustanski; M. Chivers; J. M. Bailey: A critical review of recent biological research on human sexual orientation. Annual Review of Sex Research 2002.

8 D. F. Swaab; W. C. J. Chung; F. P. M. Kruijver; M. A. Hofman; A. Hestiantoro: Sex differences in the hypothalamus in the different stages of human life, in: Neurobiology of Aging, Ed.; International health foundation: Wassenaar, 2003.
D. F. Swaab; E. Fliers: A sexually dimorphic nucleus in the human brain. Science 1985, 228 (4703) S. 1112–1115.

Interessant ist nun die Frage, welche Aufgaben beziehungsweise Funktionen mit diesem Gehirnteil in Verbindung gebracht werden können.

In diesem Zusammenhang sind – neben den Fortpflanzungssystemen dienenden Aktivitäten – Aufgaben in zwei Bereichen zu nennen, welche im weitesten Sinne der der bereits erwähnten Homöostase, also der Gleichgewichtserhaltung sämtlicher Systeme des Organismus, dienen.

3.1.1 Langsamer-Wellen-Schlaf

So hat man herausgefunden, dass der betreffende Teil des Hypothalamus mit dem sogenannten Langsamen-Wellen-Schlaf (SWS: slow wave sleep; messbar anhand langsamer, niederfrequenter elektrischer Wellen des Elektroenzephalogramms, die mit Elektroden am unverletzten Außenschädel tiefschlafender Personen erfassbar sind) zusammenhängt. Dieser Schlaftyp wechselt sich mit anderen Schlaftypen und vor allem mit dem sogenannten traumreichen REM-Schlaf (REM: rapid eye movement) mehrfach in der Nacht ab. Eine wichtige Aufgabe des hier näher betrachteten geschlechtsspezifisch

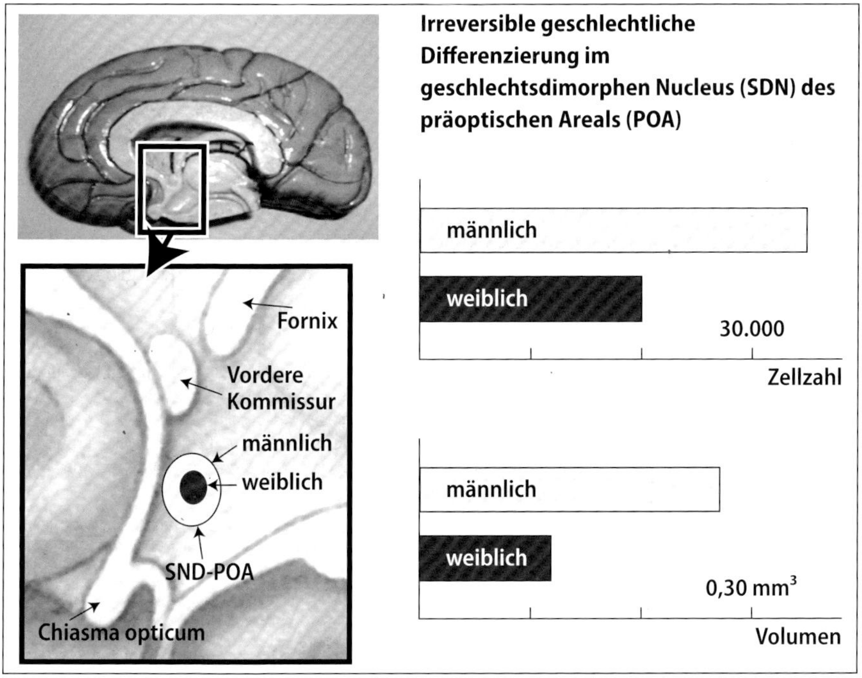

Abbildung 1: Geschlechtliche Differenzierung im präoptischen Areal (teilweise schematisierte Darstellung)

unterschiedlich großen Gehirnteils ist es nun, dafür zu sorgen, dass genügend »Druck« zum Auftreten dieses wichtigen Langsamen-Wellen-Schlafs (SWS-Druck) gegeben ist.

Der Langsame-Wellen-Schlaf hat einen gewissen stabilisierenden (homöostatischen) Charakter, der natürlich bei dem kleineren Funktionsteil der weiblichen Individuen weniger gegeben ist. Dies darf zunächst nicht als Nachteil aufgefasst werden, denn – wie bereits erwähnt – liegen dafür im hormonellen Bereich bei der Frau eine große Zahl zusätzlich stabilisierender Funktionsprinzipien vor.

Gleichwohl ist das präoptische Areal massiv mitbestimmend für Perioden des Tiefschlafs, also auch z. B. für den Langsamen-Wellen-Schlaf (SWS), und deshalb existieren auch diesbezüglich geschlechtsspezifische Unterschiede infolge der unterschiedlichen Morphologie dieses präoptischen Areals.

Hier sind beispielsweise als auffallende **Unterschiede** zu nennen:

» Langsamer-Wellen Schlaf (SWS) **nimmt bei Mädchen früher ab** als bei Jungen (37 % höher bei 12-jährigen Jungen als bei gleichaltrigen Mädchen).[9]

» **Frauen** haben demgemäß deutlich **geringeren Langsamen-Wellen Schlaf** (SWS), behalten diesen aber bis zum Alter (Abnahme bei Männern von 18,9 % der Schlafzeit auf 3,4 %).[10]

» **Frauen klagen doppelt** so häufig **über Schlafstörungen (Insomnia)**. Daher erhöht geringerer Langsamer-Wellen Schlaf das **Risiko für Depressionen.**[11]

Während depressiver Verstimmungen nimmt vor allem der Langsame-Wellen-Schlaf (SWS) deutlich ab, die Gesamtschlafzeit sinkt, häufiges Erwachen in der Früh tritt auf. Depressive Personen fallen ohne den normalen Übergang durch eine Langsame-Wellen-Schlaf-Periode in den traumreichen und weniger erholsamen REM-Schlaf, was vermutlich auf den zu geringen SWS-Druck zurückzuführen ist.[12]
Der geringe SWS-Druck infolge des kleineren Areals bei Frauen kann deshalb mit Ursache dafür sein, dass depressive Verstimmungen bei Frauen häufiger zu einer Depression führen, als bei Männern.

---

9 I. G. Campbell et al.: Change in brain waves during sleep begin earlier in adolescent girls than in boys. Sleep 2005, 05 (01).
I. Feinberg; L. M. Higgins; W. Y. U. Kahw; I. G. Campbell: The adolescent decline of NREM delta, an indicator of brain maturation, is linked to age and sex but not to pubertal stage. Am J. Physiol. Regul. Integr. Comp. Physiol. 2006, 291 R1724-R1729.

10 E. van Cauter; R. Leproult; L. Plat: Age-related changes in slow wave sleep and REM sleep and relationship with growth hormone and cortisol levels in healthy men. Journal American Medical Association 2000, 284 (7) S. 861–868.
M. Kryger; T. Roth; W. Dement (Hrsg.): Principles and practices of sleep medicine, Saunders, Philadelphia 2005.
T. L. Lee-Chiong (Hrsg.): Sleep: a comprehensive handbook; John Wiley & Sons, Hobogen, N.J., 2006.

11 SDRAB: Sleep Disorders Research Advisory Board: Sleep and health: Sleep, sex differences, and women`s health. National Center on Sleep Disorders Research (NCSDR), hgg. vom National Institute of Health (NIH), 2003.

12 D. Kelly; T. M. Jessel: Geschlecht und Gehirn, o. a. O.

Depressionen liegen bei 25 % der Frauen und nur bei 12 % der Männer vor.[13]

Es gibt eine Reihe von weiteren Konsequenzen des geringeren Langsamen–Wellen-Schlafs bei Frauen. Zu nennen sind zum Beispiel die Folgenden.

» Da das neuronale Wiederaufrufen neu aufgenommener Information während Langsamen-Wellen-Schlaf (SWS) verstärkt wird (declarative memory consolidation), wird bei Frauen eventuell mehr das prozedurale Gedächtnis bevorzugt.[14]

» Da der Langsame-Wellen-Schlaf (SWS) bedeutsam für die Erholung des Gehirns vom Wachzustand ist, kann bei Frauen leichter die Vorstufe zu mentalen Erkrankungen (z. B. Depression) gegeben sein (s. oben).[15]
Hervorhebenswert ist die Tatsache, dass Kontrazeptiva zusätzlich den Langsamen-Wellen Schlaf (SWS) reduzieren.[16]

» Die Menge des produzierten Wachstumshormons ist signifikant mit dem Langsamen-Wellen-Schlaf (SWS) verknüpft, besonders stark in jungen Männern.[17]
Mangel an Langsamen-Wellen Schlaf (SWS) reduziert das Wachstumshormon mit der Folge der **Zunahme von Fettgewebe**.[18]
Gleiche Tendenz der Fettgewebezunahme ist gegeben durch gesteigerte Cortisolausschüttung infolge Mangel an SWS.[19]
Grundsätzlich negativ beeinflusst Cortisol, welches auch durch externe Akut-Stresssituationen und Langzeit-Stressbelastung im Organismus ausgeschüttet wird (Abbildung 3 auf Seite 38) ebenso das bereits genannte deklarative Gedächtnis, welches Wissen über Menschen, Orte und Dinge speichert und dies ständig für das Bewusstsein verfügbar halten muss. Im Gegensatz dazu wird das prozedurale Gedächtnis, welches motorische oder wahrnehmungsbezogene Fähigkeiten bereithält und lernt wie etwas zu tun ist, nicht durch dieses Stresshormon beeinflusst.[20]

Neben diesen doch gravierenden Unterschieden im Schlafverhalten mit entsprechenden komplexen Konsequenzen ist erwartungsgemäß noch eine weitere neurophysiologisch zu

---

13 G. Stoppe; A. Bramesfeld; F.-W. Schwartz (Hrsg.): Volkskrankheit Depression. Springer, Berlin, 2006.

14 R. Ribeiro; D. Gervasoni; E. S. Soares; Y. Zhou; S.-C. Lin et al.: Brain activity during Slow-Wave-Sleep points to mechanism for memory. PloS Biol. 2004, 2 (1).
J. Backhaus; J. Born; R. Hoeckesfeld; S. Fokuhl; F. Hohagen; K. Junghans: Midlife decline in declarative memory consolidation is correlated with a decline in slow wave sleep. Learning & Memory 2007, 14; S. 336–341.

15 SDRAB: Sleep and health: Sleep, sex differences, and women`s health. o. a. O.

16 Ebd.

17 E. van Cauter et al.: Slow wave sleep & GH. Sleep 1998, 21 (6) S. 553–566.
P. Schussler; A. Yassouridis; M. Uhr; M. Kluge; J. Weikel; F. Holsboer; A. Steiger: Growth hormone-releasing hormone and corticotropin-releasing hormone enhance non-rapid-eye-movement sleep after sleep deprivation. Am J Physiol. Endocrinol. Metab. 2006, 291 (3) E549–556.

18 Ebd. und S. R. Patel; A. Malhotra; D. P. Withe; D, J. Gottlieb; F. B. Hu: Association between reduced sleep and weight gain in women. American Journal of Epidemiology 2006, 164 (10) S. 947–954.

19 I. A. Antonijevic; H. Murck; R.-M. Frieboes; F. Holsboer; A. Steiger: Hyporeponsiveness of the pituitary to CRH during slow wave sleep is not mimicked by systemic GHRH. Neuroendocrinology 1999, 69; S. 88–96.

20 J. S. Damoiseaux; B. M. Elzinga: Glucocorticoids Decrease Hippocampal and Prefrontal Activation during Declarative Memory Retrieval in Young Men. Brain Imaging and Behaviour 2007, 1; S. 31–41.

untermauernde, jedoch wohlbekannte Verschiedenheit der Geschlechter in diesem Zusammenhang zu erwähnen.

3.1.2 Durst

Es finden sich nämlich andererseits in dieser präoptischen Region des Hypothalamus sogenannte Osmosensoren (Abbildung 2 auf Seite 37), die bei Erhöhung der intrazellulären Salzkonzentration bei Wasserverlust schrumpfen und dann vermehrt aktiviert werden.[21]

Es entsteht ein spezifischer zentraler Triebzustand, der die Bereitschaft erzeugt, trinkbare Flüssigkeit zu suchen und zu konsumieren. Dies ist neben einem Flüssigkeitsmangel in den Blutgefäßen (Reduktion des Blutvolumens) eine wichtige Möglichkeit der Durstentstehung.
Es liegt nun nahe, die männliche Affinität zu bestimmten Flüssigkeiten diesem bei Männern geschlechtsspezifisch größeren Gehirnteil zuzubilligen. Dies ist jedoch nur bedingt richtig, da zwischen dadurch ausgelöstem primären Trinken auch sekundäres Trinken, also Trinken ohne offensichtliche Notwendigkeit der Flüssigkeitszufuhr, zu unterscheiden ist.
Trotzdem ist der geringere Flüssigkeitsbedarf der Frauen evident. Frauen benötigen bis zu 30 % weniger Flüssigkeit im Vergleich zu Männern.[22]

3.2 Geschlechtsspezifische Differenzen in der subkortikalen Region Amygdala und im Nucleus arcuatus

Unterschiedliche Größe der neuronalen Fortsätze und der synaptischen Endigungen, als auch möglicherweise andere geschlechtsspezifische Verknüpfungsmuster finden sich im Nucleus arcuatus (bogenförmiges Kerngebiet) und in der Amygdala (mandelförmiges Kerngebiet) bzw. werden dort vermutet (ebenso im dorsalen Hippocampus und im orbito-frontalen Kortex mit derzeit noch unbekannter Bedeutung).
Männer weisen größere relative Volumen im fronto-medial Kortex, der Amygdala und im Hypothalamus auf. Frauen haben größere relative Volumen speziell in frontalen und medialen paralimbischen Kortexbereichen.[23]

---

21 N. Birbaumer ; W. Jänig: Motivation und Emotion, 27th ed.; R. F. Schmidt; G. Thews (Hrsg.): Biologische Psychologie, Springer: Heidelberg – Berlin – Oxford 1997.

22 http://www.runnersworld.de/training/fluessigkeitszufuhr_/5_trink_regeln.215338.htm [Stand: 08.09.2011]

23 J. M. Goldstein; L.J. Seidman; N. J. Horton; N. Makris; D.N. Kennedy; V. S. Caviness; S. V. Faraone; M. T. Tsuang: Normal sexual dimorphism of the adult brain assessed by in vivo magnetic resonance imaging. Cerebral Cortex 2001, 11 (6) S. 490–497.

3.2.1 Amygdala (Mandelkern)

oder warum Frauen sich noch jahrelang an Details eines emotionalen Streites erinnern und Männer diesen jedoch längst vergessen haben

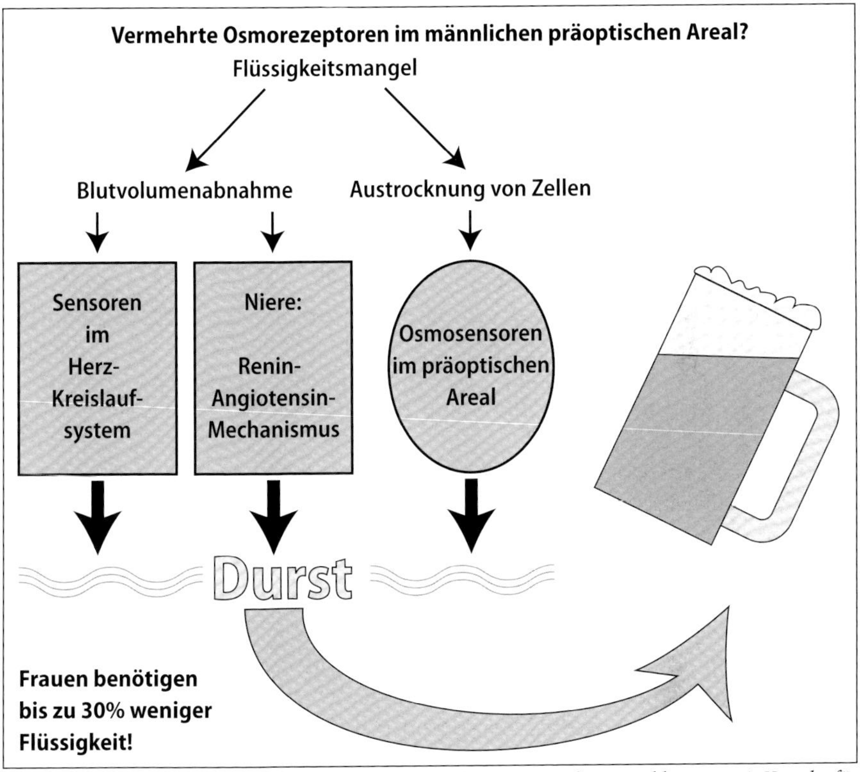

Abbildung 2: Vermehrte Osmorezeptoren im männlichen präoptischen Areal können mit Ursache für unterschiedliches Trinkverhalten sein.

Die Amygdala (Mandelkern) wird auch als Furchtzentrum bezeichnet (Abbildung 3 auf Seite 38)[24], da dieses Kerngebiet bei Stresssituationen, Furchterfahrungen und emotionalem Lernen eine bedeutsame Rolle spielt.[25] Dieses wichtige Gebiet des Zwischenhirns funktioniert grob so, dass einlaufende sensorische Information (Schmecken, Riechen, Hören, Sehen) auf niedrigerer Ebene schnell mit angeborenen und früher durch

24 M. Spreng: Central nervous system activation by noise. Noise & Health 2000, S. 749–57.
M. Spreng: Psychophysische Lärmwirkungen, Periphere und zentrale Aktivierungsprozesse, in: H. E. Wichmann; H.-W. Schlipköter; G. Fülgraff (Hrsg.): Handbuch der Umweltmedizin, ecomed, Landsberg/Lech 2001.

25 T. Canli; J. E. Desmond; Z. Zhao; J. D. E. Gabriel: Sex differences in the neural basis of emotional memories. Proc. Nat. Acad. Sci. USA 2002, 99; S. 10789–10794.

Erfahrung erworbenen Speicherinhalten verglichen wird. Ohne nennenswerte kognitive Beeinflussung können dann sofort über Nerven vegetative Reaktionen (z. B. akute Reflexe, Blutdrucksteigerung) und/oder etwas längerfristig wirkende Stresshormonausschüttungen erfolgen, stets begleitet von Emotionen, die sogar zu Phobien führen können. Es wird also ein Teil der Informationen über äußere Reize direkt an die Amygdala (Mandelkern) weitergeleitet, wo eine extrem rasche Reaktion zur Sicherung des Lebens erfolgen kann. In Gefahrensituationen wäre der Weg über die Großhirnrinde zu langsam. Aber auch ohne reale Gefahr wird die Reaktion der Amygdala schnell und nicht unterdrückbar erlebt, obwohl diese dabei im Grunde unnötig ist.
Die Reaktion der Amygdala bzw. die dort ausgelösten Erregungen werden gemäß Abbildung 3 auf Seite 38 zwecks Aktivierung entsprechender körperlicher Vorgänge an den Hypothalamus, das zentrale vegetativ-hormonelle Reaktionszentrum, weitergeleitet, verbunden mit einer gefühlsmäßigen Bewertung.
Durch seine starken Verbindungen zu dem Furchtzentrum unseres Gehirns (Amygdala), kommt besonders dem subkortikalen Hippocampus dabei eine zusätzliche Rolle bei der Verarbeitung von Emotionen zu. Dieser ist ebenfalls ein Teilbereich des Zwischenhirns (subkortikale Assoziationszentren) und seine Struktur ist ähnlich geformt ist wie ein Seepferdchen (Hippocampus).

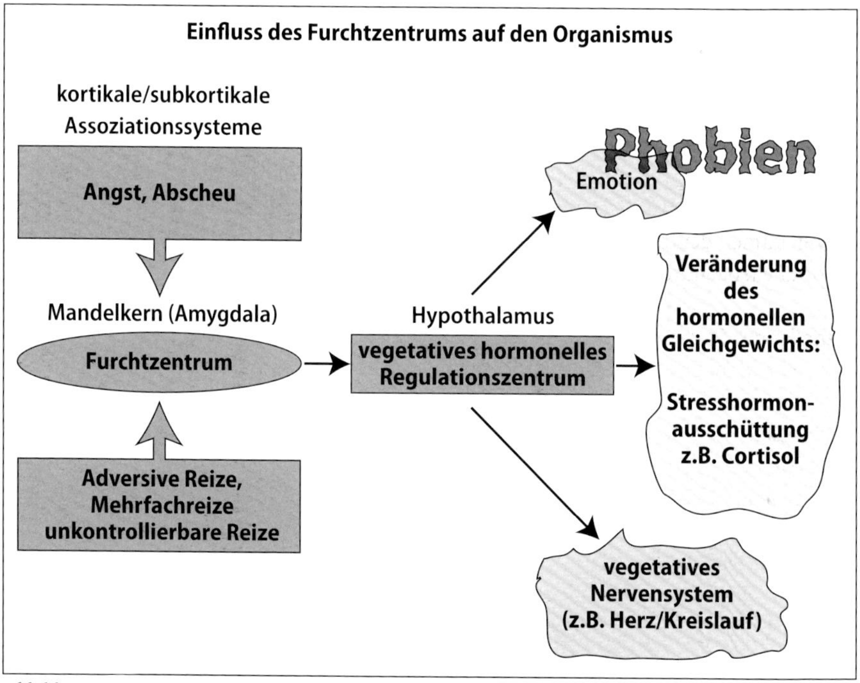

Abbildung 3: Amygdala als Furchtzentrum zeigt auffallende Unterschiede zwischen den Geschlechtern

Er arbeitet auch als eine Art Vergleichssystem und bildet so zusammen mit der Amygdala ein zentrales emotionales Gedächtnis. Deshalb ist er auch anfällig für starke emotionale Reize und Stressoren. So führen Traumata zu einer Verkleinerung des Hippocampus (Atrophie) ebenso wie Depressionen, Angst- und Essstörungen.
Es ist später noch näher auszuführen, dass sogar beim Kleinstkind mangelnde Nähe und Anwesenheitszeit der Mutter diesbezüglich stressauslösende Angst mit entsprechenden Folgen resultieren kann.
In dieser Struktur im Gehirn sind genetische oder evolutionär programmierte Angstreize codiert – die uns etwa beim Anblick einer Schlange automatisch zurückschrecken lassen, noch bevor uns das bewusst wird. Gleiches tritt ein, wenn in einem Gebiet, wo Schlangen vermutet werden können, ein einfacher Strick plötzlich in unser Blickfeld gerät.
Im Hippocampus fließen Informationen verschiedener sensorischer Systeme zusammen, die verarbeitet und von dort zu Bereichen des Großhirns gesandt werden. Damit ist er enorm wichtig für die Gedächtniskonsolidierung, also die Überführung von Gedächtnisinhalten aus dem Kurzzeit- in das Langzeitgedächtnis. Seinerseits projiziert er in die Amygdala und andere Bereiche des Gehirns zu Vergleichszwecken zurück. Außerdem werden hier wichtige und unwichtige Sinneswahrnehmungen gefiltert
Besonders wirksam ist dieses Furchtzentrum erwartungsgemäß bei adversen, also Abneigung produzierenden Reizen, wobei seine Plastizität (Lern- und Speicherfähigkeit zusammen mit anderen, vor allem kortikalen und subkortikalen Assoziationszentren) besonders hervorgehoben werden muss. Dies bedeutet, dass bei wiederholten gleichartigen abstoßenden Reizen eine Steigerung der dort ausgelösten Erregung und damit der Folgeeffekte auftritt.
Ein Alltagsbeispiel ist das wiederholte Auftreten von nicht beeinflussbaren Lärmereignissen (Überflüge von lärmenden Flugzeugen; immer zur Unzeit Rasen mähender Nachbar usw.), die nachweislich auch bei verhältnismäßig niedrigen Schallintensitäten längerfristig immer deutlichere Stresshormonausschüttungen hervorrufen und so auf Dauer gesundheitsbeeinträchtigend wirken können.[26]

Auffallende Verhaltensunterschiede zwischen den Geschlechtern sind neben bestimmten Phobien (z. B. Arachnophobie: Spinnenfurcht oder Klaustrophobie: Angst in geschlossenen Räumen) vor allem bei der emotionsabhängigen Konsolidierung von Gedächtnisinhalten zu beobachten: Etwa doppelt so viel Frauen wie Männer leiden unter Phobien.
Grundsätzlich speichern Frauen tendenziell mehr die Details eines emotional erregenden Ereignisses und haben diese gut abrufbar bereit, wenn durch entsprechende emotional ähnlich wirkende Reize ein Anstoß von außen erfolgt.

26 Die Aktivität des Furchtzentrums ist trotz der von ihm produzierten, im Allgemeinen negativen Auswirkungen eine sehr sinnvolle. Beispielsweise sorgt es dafür, dass bei einem Biss in etwas übel Schmeckendes ohne langfristiges Überlegen, ob damit eine Gefahr verbunden wäre, ein sofortiges Ausspucken erfolgt.

Männer enkodieren mehr die allgemeinen Zusammenhänge und können sich nur schwer an Einzelheiten länger zurückliegender emotional erregender Ereignisse erinnern.[27]

3.2.2 Nucleus arcuatus

oder warum hauptsächlich Frauen Ess-Störungen entwickeln und Männer stets »stattlich« sind, egal was und wie viel sie essen.

Dieser relativ kleine Teil des Hypothalamus enthält AdrenoCorticoTropesHormon (ACTH-)produzierende Zellen, die sonst meistens in der Hypophyse (Hirnanhangsdrüse) vorkommen (zwecks ACTH-Produktion in den Pro-OpioMelanoCortin: POMC-Zellen). Daneben enthält dieser Kern Zellen, welche die auch Antrieb und Verhalten steuernden Beta-Endorphine und Dopamin freisetzen, Substanzen, die dann – wie das dort produzierte ACTH – weniger über die Blutbahn, sondern direkt zahlreiche andere Gehirnstrukturen erreichen.
Für die Betrachtung von in diesem Kerngebiet vorliegenden Geschlechtsunterschieden besonders interessant sind jedoch die dort auch befindlichen neuroendokrinen Neurone, welche Wachstumshormonauslöser (GrowthHormonReleasingHormon: GHRH) freisetzen und vor allem die wichtigen appetitregelnden Neurone.[28]
Der N. arcuatus kontrolliert somit über appetitanregende Neurone (Synthese von Neuropeptid Y) das Körpergewicht, gesteuert über Hormone (z. B. Leptin), welche die Menge der aufgenommenen Nahrung oder den Zustand der Fettspeicher signalisieren.

Einerseits ist dieses im Hinblick auf eine fein justierte individuelle Energiebilanz ausgerichtete Regelsystem durch kurz- bzw. mittelfristige Diätversuche kaum nennenswert zu beeinflussen. Vielmehr reagiert es – wie jeder andere Regelkreis – nach Abbruch einer Diät oft mit überschießendem Verhalten (Jo-Jo-Effekt).
Andererseits können durch längerfristiges Fehlverhalten und sonstig Funktionsstörungen auch Desensibilisierungsvorgänge und damit Regulationsstörungen ausgelöst werden bzw. auftreten.

Die hervorstechende Anfälligkeit von Frauen für diesbezügliche Regulationsstörungen hängt eng mit den Unterschieden in diesem relativ kleinen Gehirnteil zusammen. Geschlechtsspezifisch unterschiedliche Verarbeitung von kurz- und längerfristigen Hunger- und Sättigungssignalen kann nämlich die Ursache für Ess-Störungen wie Heißhunger und Anorexie (Magersucht) sein bzw. mit die Ursache für Adipositas (Fettsucht) bilden.

---

27 L. Cahill; A. van Stegeren: Sex-related impairment of memory for emotional events with β-adrenergic blockade. Neurobiol. Learn. Mem. 2003, S. 7981–88.

28 C.-X. Yi; J. van der Vliet; J. Dai; G. Yin; L. Ru; R. M. Buijs: Ventromedial arcuate nucleus communicates peripheral information to the suprachiasmatic nucleus. Endocrinology 2006, 147 (1), S. 283–294.

Vor einiger Zeit hat das Gesundheitsministerium die laut der damaligen Gesundheitsministerin Ulla Schmidt »*erschreckenden Zahlen*« der ersten umfassenden deutschen Studie zu Ess-Störungen bekanntgegeben: 17.600 betroffene Jugendliche.[29]
Rund 22 % der 11- bis 17-jährigen zeigen demnach Symptome einer Ess-Störung. Jedes dritte Mädchen zeigt in diesem Alter Auffälligkeiten: Während der Anteil bei Jungen mit dem Alter abnimmt, steigt er bei Mädchen mit 17 Jahren auf 30 % an. Die gefährlichste Form, die Magersucht, ist zu 0,7 % bei Mädchen und zu 0,1 % bei Jungen gegeben; jede fünfte Patientin stirbt an den Folgen.[30]
»*Magersucht ist überwiegend weiblich und sie ist sehr jung*« so die damalige Familienministerin Ursula von der Leyen, ohne die dahinter verborgenen geschlechtsspezifischen Differenzen in den zentralnervösen Hirnbereichen zu erkennen bzw. zu betonen.
In Verkennung teilweise geschlechtsspezifisch vorgegebener Eigenschaften rief die *Emma*-Herausgeberin Alice Schwarzer in diesem Zusammenhang dazu auf, Ess-Störungen endlich als zentrale »*Massenpsychose der westlichen Welt*« und vorherrschende Sucht bei Frauen in den Blick zu nehmen, ebenfalls ohne entsprechende Rückschlüsse auf wesentliche Unterschiede in der zentralnervösen Verarbeitung der Geschlechter zu ziehen.

Diese Erkenntnisse weisen deutlich auf die vorgegebenen geschlechtlichen Unterschiede in den hier vorgestellten regelnden Gehirnbereichen hin, wobei besonders bei weiblichen Personen das empfindlich ausbalancierte homöostatische Gleichgewicht sowohl nach der einen Seite (Anorexie: Magersucht) wie auch nach der anderen Seite (Adipositas: Fettsucht) durch biologische, psychologische und gesellschaftliche Einflüsse, vor allem jedoch durch falsches Verhalten leicht außer Tritt gebracht werden kann. Dies ist bekanntlich einmal verursacht durch die heutige ungünstige Ernährung und mangelnde Beweglichkeit (Fettsucht).
Zum anderen liegen jedoch bei jungen Frauen Pubertätsprobleme, Verunsicherung durch »vorgeschriebene« Schönheitsideale, Diätenwahn, Angstbewältigung usw. vor, die zum Teil auch daher rühren dürften, dass durch die gleichmachenden Bestrebungen der Gender-Ideologie die eigentlich fraulich/weiblichen Eigenschaften und Vorteile nicht mehr wertgeachtet, ja negativiert werden.
Die dann einzig übrig bleibende »Weiblichkeit« scheint sich dann immer stärker nur auf den äußeren Körper zu konzentrieren, der heutzutage nachgerade zum Kultobjekt gemacht wird. Viele Frauen haben Angst, nicht mehr dem Idealtyp zu entsprechen und machen sich deshalb Stress bezüglich ihres Aussehens, wodurch die Gefahr einer länger vorliegenden leichten Erhöhung des Cortisolspiegels und damit ebenfalls die Tendenz einer Fettgewebszunahme gegeben ist.

29 Erlanger Nachrichten vom 14.12.2007
Magersucht-Online. Grundlagen und Ursachen für Magersucht http://www.magersucht-online.de/ursachen.htm [Stand: 07.09.2011]

30 M. de Zwaan: Psychotherapie gegen gefährliche Ess-Störung. Erlanger Uni Kurier aktuell; 69, 12. 2007, S. 6.

Dabei ist eine scheinbare Angstbewältigung neben einem fraglichen Erfolgserleben durch Gewichtsabnahme vor allem subjektiv empfunden, nämlich infolge möglicherweise verstärkter Ausschüttung von Dopamin, Beta-Endorphinen und Amphetaminen in eben diesem Nucleus arcuatus. Es scheint so zu sein, dass bei der Anorexie (Magersucht) in der Tat körpereigene Opiate bzw. Belohnungssysteme aktiviert werden, die genauso wie bei Alkoholikern und Drogensüchtigen eine Rolle spielen.[31]

3.2.3 Geschlechtsspezifische Differenzen im Hypothalamus und neurologische Erkrankungen

Bevor die Betrachtung von geschlechtlichen Unterschieden im Hypothalamus verlassen werden soll, muss nochmals auf die dort teilweise Verantwortlichkeit zur Entstehung neurologischer und psychiatrischer Erkrankungen hingewiesen werden.
Diese Unterschiede schlagen sich bei Frauen vor allem in der Häufigkeit von depressiven Erkrankungen nieder, und sie sind in ihren diesbezüglichen Auswirkungen erwartungsgemäß vom Alter und der hormonellen Gesamtsituation abhängig.
Grundsätzlich haben Frauen ein deutlich stärkeres Stressempfinden als Männer und sie neigen auch vermehrt zu psychischen Symptomen, während Männer eher körperlich reagieren. Typisch männliche Stressfolgen sind neben Übergewicht, hohem Blutdruck sowie erhöhten Cholesterinwerten die dadurch auch ausgelösten Herz- und Kreislauferkrankungen, allen voran Herzinfarkt und Schlaganfall.
All diese Krankheitsbilder gibt es zwar auch bei gestressten Frauen, insbesondere die Herzerkrankungen nehmen bei ihnen zu, seit Frauen vermehrt in Führungsjobs streben. Ihre körperliche Schwachstelle ist aber die Skelettmuskulatur: Frauen unter Druck leiden besonders oft an Rückenschmerzen. Zudem macht sie Stress schneller dick. Studien zeigen, dass chronischer Stress und das dabei vermehrt ausgeschüttete Hormon Cortisol den Stoffwechselprozess massiv verändert und zu Fettpolstern im Bauch- und Taillenbereich führt.
Vor allem aber neigen Frauen zu psychischen und psychosomatischen Erkrankungen, wie Migräne, Angstzuständen oder Depressionen. Das geht zum Beispiel aus dem 2007 veröffentlichten DAK-Gesundheitsreport hervor: Demnach stehen psychische Erkrankungen mit einem Anteil von 12,2 Prozent bei den Frauen bereits an dritter Stelle, bei den Männern liegen sie mit 8,4 Prozent auf Rang vier.[32] Diesbezüglich ist interessant, dass Frauen fast doppelt so häufig an Demenz und Alzheimer erkranken wie Männer.

In diesem Zusammenhang hat man herausgefunden, dass Östrogenmangel in der Menopause Frauen vor dem Auftreten der Alzheimer-Erkrankung zu schützen scheint.[33]

31 http://web4health.info/de/answers/ed-psy-anorexia-misuse.htm [Stand: 08.09.2011]

32 DAK Versorgungsmanagement: DAK-Gesundheitsreport 2007, IGES Institut für Gesundheits- und Sozialforschung, Berlin, Februar 2007.

33 D. F. Swaab; W. C. J. Chung; F. P. M. Kruijver; M. A. Hofman; A. Hestiantoro, o. a. O.

Aus dieser Sicht muss die häufig angewandte Östrogentherapie, welche einer Reihe der bedauerlich durch Östrogenmangel bewirkten negativen Erscheinungen bei Frauen kompensieren soll, neuerdings mit einem Fragezeichen versehen werden.

4. Geschlecht und Gesamthirn

4.1 Unterschiede in den Anteilen weißer und grauer Substanz *oder warum Männer selten nach dem Weg fragen und Frauen versuchen, eine Vielzahl von Merkpunkten zu speichern.*

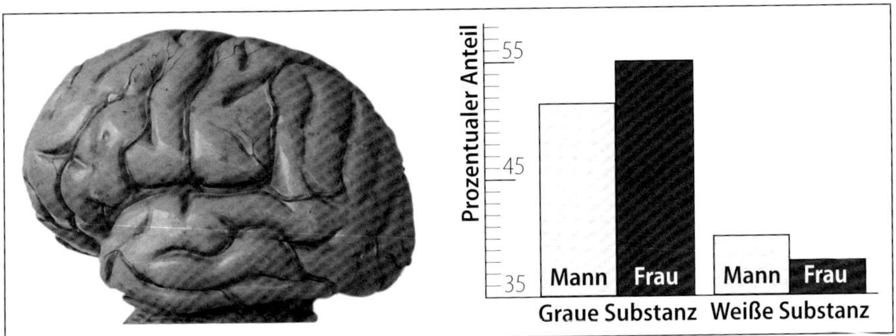

Abbildung 4: Geschlechtsspezifische Unterschiede in grauer und weißer Substanz des Gesamtgehirns

Im Gesamtgehirn von Frauen finden sich generell mehr Nervenzellen (graue Substanz), aber weniger verbindende Nervenfasern (weiße Substanz) gemäß Abbildung 4 auf Seite 43.[34]

Dies lässt darauf schließen, dass Frauen besser befähigt sind, mehrere Signale rasch zu verarbeiten. Da sie schnell Zusammenhänge herstellen, erkennen sie besser Sequenzen von Merkpunkten.[35]

Die meisten Frauen orientieren sich deshalb z. B. in einer Stadt, indem sie sich bevorzugt charakteristische Bauten, Geschäfte oder sonstige Anlagen merken.

Es bedeutet jedoch nicht unbedingt ein besseres Ortungsvermögen, als es Männer besitzen. Diese können, gestützt auf umfassendere Verknüpfungen, im Allgemeinen sich besser räumlich orientieren bzw. ein inneres Ortungssystem bereitstellen (z. B. internes Drehen eines Stadtplans oder einer Landkarte).

34 R. C. Gur; B. I. Turetsky; M. Matsui; M. Yan; W. Bilker; P. Hughett; R. G. Gur: Sex differences in brain gray and white matter in healthy young adults: Correlations with cognitive performance. Journal of Neurosciences 1999, 19 (10), S. 4065–4072.

35 Ebd.

Teilweise sind Männer infolge des ca. 100 Gramm schwereren Gehirns (normiert bezüglich Körpergröße!) und damit 4 Milliarden mehr Neuronen in der Lage, auch die weibliche Denkweise (Sequenzen von Merkpunkten) angenähert zu praktizieren.
Trotzdem ist bei Frauen festzustellen, dass sie »mehr Leistung« aus jedem zusätzlichen Millimeter Hirnsubstanz herauszuholen scheinen als Männer.

Jedoch haben die zwischen Männern und Frauen diesbezüglich unterschiedlichen Denkweisen infolge der Substanzunterschiede nichts mit unterschiedlicher Intelligenz zu tun. Auch kann nicht gesagt werden, dass die eine Methode besser sei als die andere. R. C. Gur, der diese geschlechtlichen Unterschiede in grauer und weißer Substanz des Gesamtgehirns mit seiner Arbeitsgruppe herausgearbeitet hat, formuliert deshalb folgerichtig: *»Männer können die einen Dinge besser, Frauen in die anderen. Wir müssen lernen, einander gegenseitig zu helfen.«*[36]

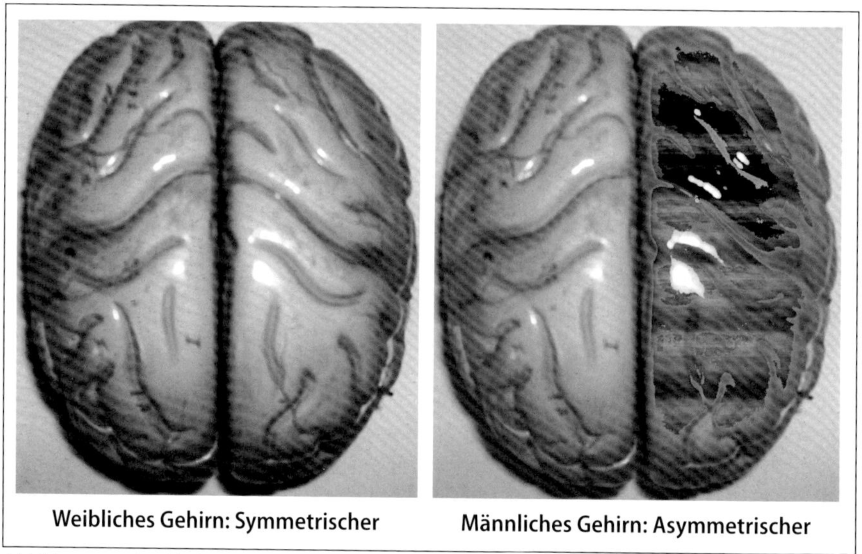

Abbildung 5: Geschlechtsspezifische Unterschiede in der Asymmetrie der beiden Gehirn-Hemisphären.
Die beiden Hälften des Großhirns (Hemisphären) sind bei Männern asymmetrischer ausgeprägt als bei Frauen (schematisierte Darstellung).

36 R. C. Gur; B. I. Turetsky; M. Matsui; M. Yan; W. Bilker; P. Hughett; R. G. Gur, o. a. O.

4.2 Unterschiede in der hemisphärischen Asymmetrie der Geschlechter

4.2.1 Allgemeine Hemisphärenunterschiede

oder warum Frauen schwerer einparken und Männer nicht richtig zuhören können

Es gibt zwei Hirnhälften, die rechte und linke Hemisphäre. Sie sind hinsichtlich Wachstum und Anzahl der Neuronen bei Männern und Frauen nicht gleich (z. B. stärkere Furchung und damit größere Fläche in der rechten Hemisphäre bei Frauen).[37]
Beide Geschlechter weisen deshalb auch in der Wahrnehmung Asymmetrien auf. Allerdings arbeiten bei Frauen beide Hälften aktiver zusammen, während Männer deutlich ihrer ausgeprägteren Asymmetrie unterworfen sind (Abbildung 5 auf Seite 44).

Interessant sind in diesem Zusammenhang Befunde, die darauf hindeuten, dass die Verteilung bestimmter Intelligenzmaße bei Männern und Frauen unterschiedlich sind. So zeigen sich bei etwa gleicher mittlerer Intelligenz bei den Männern mit stärker ausgeprägter Asymmetrie der beiden Gehirnhemisphären größere Streuungen, was einer breiteren Verteilung entspricht. Frauen mit den mehr symmetrischen Hemisphären weisen eine schmälere Verteilung mit geringeren Streuungen um den Mittelwert auf.
Dies bedeutet gemäß einer diesbezüglichen Studie,[38] dass es unter den intelligentesten zwei Prozent der Bevölkerung doppelt so viele Männer wie Frauen gibt. Zugleich wurde jedoch festgestellt, dass die Männer auch in der Gruppe mit geringer Intelligenz besonders stark vertreten sind. Mit anderen Worten: Die Hochbegabung ist bei Männern häufiger anzutreffen und einige sind demnach meist intelligenter, dafür gibt es aber viele, die oft weniger intelligent sind als Frauen.

Die ausgeprägtere männliche Asymmetrie der beiden Gehirnhemisphären zeigt sich bereits beispielsweise bei Jungen, deren Tastsinn schon ab sechs Jahren bezüglich Dominanz der rechten Hemisphäre spezialisiert ist. Es äußert sich darin, dass sie bei Beweglichkeitsuntersuchungen eine Überlegenheit der linken Hand aufweisen. Derartiges stellt man bei Mädchen bis 13 Jahren nicht fest. Sie zeigen keine Anzeichen einer funktionellen Asymmetrie.
Dieses deutlich unterschiedliche Verhalten zwischen Mädchen und Jungen kann man einerseits als frühe männliche Spezialisierung betrachten, andererseits jedoch kann es als weiblicher Vorteil gesehen werden. Nämlich der, dass sich die weibliche rechte Hemisphäre anfangs weniger auf besondere kognitive Fähigkeiten spezialisiert und sich dadurch eine größere Plastizität über einen längeren Zeitraum bewahrt.

---

37 E. Luders; K. L. Narr; P. M. Thompson; D. E. Rex; L. Jancke; H. Steinmetz; A. W. Toga: Gender differences in cortical complexity. Nature Neurosciences 2004, S. 7799–800.

38 I. Deary; P. Irwing; G. Der; T. Bates: Brother-sister differences in the g factor in intelligence: Analysis of full, opposite-sex siblings from the NLSY1979. Intelligence 2007, 35 (5), S. 451–456.

Aufgrund der länger andauernden Plastizität des jungen weiblichen Gehirns liegt beim Mädchen auch eine geringere Häufigkeit von Entwicklungsstörungen vor, die mit Fehlfunktionen der linken Hemisphäre verbunden sind. Interessant ist in diesem Zusammenhang die Sprachfunktion, die an sich eine extrem hohe Komplexität aufweist. Beim weiblichen Geschlecht kann die Sprachfunktion bei in der Kindheit erlittener Verletzungen der linken Hemisphäre leichter in die rechte Hemisphäre wechseln als bei männlichen. Entwicklungsbedingte Aphasie und frühkindlicher Autismus treten häufiger beim männlichen Geschlecht auf, und Sprachdefizite sind auffallende Symptome bei all diesen Syndromen.

Bei Frauen ist auch das reife weibliche Gehirn weniger asymmetrisch als das männliche, so dass grundsätzlich bei Verletzungen hemisphärenbezogene Funktionen bei Männern wesentlich stärkere Verluste erleiden. So finden sich bei Läsionen (im Alter 15 bis 18 Monaten) des Stirnlappens (orbitaler präfrontaler Kortex) später Beeinträchtigung der Fähigkeit männlicher Individuen Testaufgaben zu lösen, welche das räumliche Unterscheidungsvermögen und die Reaktionsfähigkeit betreffen.

Die identischen Läsionen rufen bei weiblichen Individuen keine vergleichbaren Defizite hervor. Dies macht deutlich, dass bei männlichen Individuen also ein früheres und damit

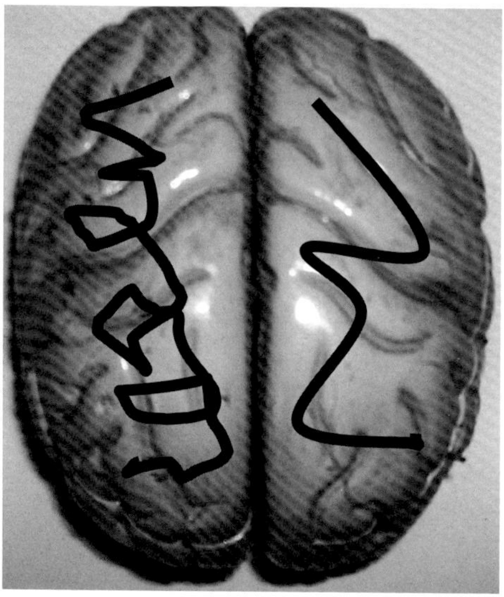

Abbildung 6: Geschlechtsspezifische Unterschiede in der »Verdrahtung« innerhalb der beiden Gehirn-Hemisphären (schematische Darstellung). [Nähere Erläuterung siehe Text]

dominierenderes Lernen räumlicher Unterscheidungen vorliegt, welches die Basis für die auf diesem Gebiet existierende spätere Überlegenheit bildet.[39]

So sei bei Männer die Hirnregion für räumliche Bewegungen ständig aktiviert; während diese bei Frauen nur im Bedarfsfall genutzt wird. Vielen Frauen fällt es tatsächlich schwerer, zweidimensional-abstrakte Karten zu lesen oder rückwärts einzuparken. Jungs nachvollziehen die Drehungen von Figuren weniger mit Worten, sondern vor allem mit eigenen Bewegungen und Gesten.

Während also Frauen gewisse Probleme bei räumlichen Unterscheidungsaufgaben haben und z. B. beim zielgerichteten Werfen wie beim Dart-Spielen, beim Fangen oder Abwehren von Objekten, Auffinden einfacher Formen in einer Vielzahl von überlagernden Strukturen (Figur-Grund-Wahrmehmung) und beim mentalen Vorstellen sich drehender dreidimensionale Objekte schlechter abschneiden als Männer, weisen Sie eine deutlich schnellere Entwicklung der linken Gehirnhemisphäre auf. Dies zeigen neue Untersuchungen, welche belegen, dass Mädchen schon mit sechs Monaten beim Hören von Gesprächslauten eine höhere elektrische Aktivität in der linken als in der rechten Hirnhälfte aufweisen.[40]

Diese frühe linkshemisphärische Dominanz bei der Sprachwahrnehmung könnte auch erklären, warum sie dann im Durchschnitt schneller sprechen lernen als Jungen.

Überdies weisen Frauen eine bessere Wahrnehmungsgeschwindigkeit auf und sind sehr schnell fähig, Veränderungen in Lage und Anzahl von Objekten zu erkennen.

4.2.2 Unterschiedliche Verschaltungen in den asymmetrischen Gehirnteilen *oder warum Frauen eine emotionale (Belastungs-)Situation schnell intuitiv richtig erfassen und Männer längere Zeit in der Beurteilung daneben liegen*

Entscheidende Unterschiede finden sich auch in der Verschaltung der jeweiligen Gehirnteile (Abbildung 6 auf Seite 46). Während das männliche Gehirn so »verdrahtet« ist, dass es überwiegend auf das Begreifen und den Aufbau von Systemen ausgerichtet ist, ist das weibliche Gehirn so »verdrahtet« dass es überwiegend auf Empathie (Fähigkeit, sich in andere hineinzuversetzen) ausgerichtet ist.

39 D. Kelly; T. M. Jessel, o. a. O.

40 S. Baron-Cohen: The essential difference: The truth about the male and female brain; Perseus Publishing, New York 2003.

Dies bedeutet, dass Frauen laut Forschung die Gefühle und Gedanken eines anderen Menschen besser erkennen und darauf eingehen können.[41]

Interessante Untersuchungen an 188 Neugeborenen im Alter zwischen 48 und 80 Stunden haben diesbezüglich ergeben, dass Mädchen bereits so früh stärkere Verhaltensantworten auf das Einwirken menschlicher Stimmen zeigen als Jungen.[42]

Morphologisch unterschiedlich liegt bei Frauen eine höhere Packungsdichte von Verarbeitungselementen in einem Teil des Gehirns in der Nähe des Sprachzentrums (Planum temporale) vor. Dieser Sexualdiphormismus könnte auf die Unterschiede in der Bearbeitung auditorischer Information im Sprachsystem hindeuten.[43]

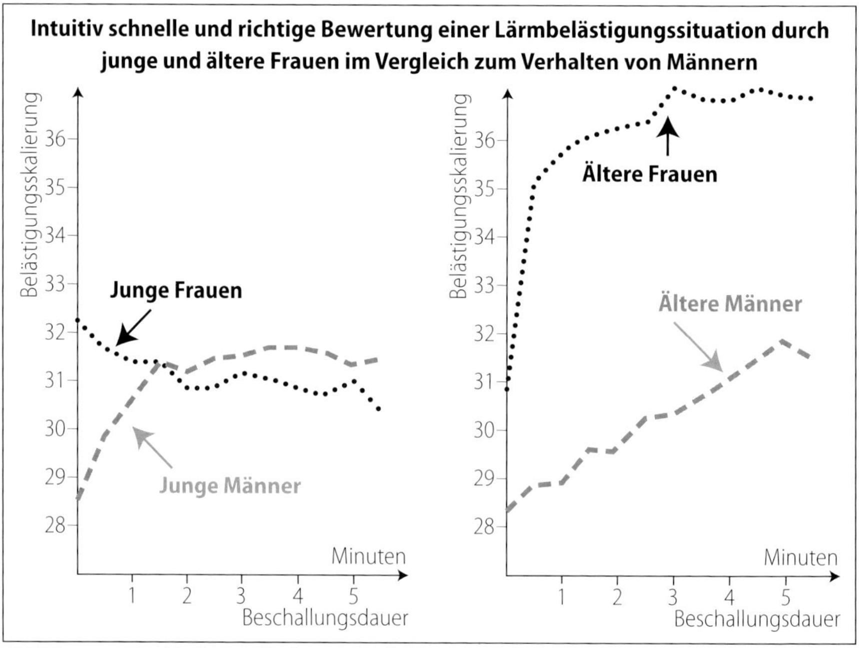

Abbildung 7: Geschlechtsspezifische Unterschiede in der akuten Bewertung einer Belastungssituation[42]

41 S. Baron-Cohen, o. a. O.

42 E. Boatella-Costa; C. Costas-Moragas; F. Botet-Mussons; A. Fornieles-Deu; M. L. de Cáceres-Zurita: Behavioral gender differences in the neonatal period according to the Brazelton scale. Early Human Development 2007, S. 8391–8397.

43 O. Güntürkün; M. Hausmann: Funktionelle Hirnorganisation und Geschlecht, in: S. Lautenbacher, O. Güntürkün, M. Hausmann (Hrsg.): Gehirn und Geschlecht, Springer, Heidelberg, 2007.

Diese »Unterschiede in der Verdrahtung« in höheren Gehirnteilen (Abbildung 6 auf Seite 46), zusammen mit anatomischen Unterschieden in der Amygdala bewirken, dass Bewertung und Konsolidierung bei emotional erregenden Geschehnissen bei Männern und Frauen unterschiedlich sind.
Hierzu können eigene Untersuchungen angeführt werden, welche zunächst nicht in der Absicht durchgeführt wurden, Unterschiede zwischen den Geschlechtern herauszuarbeiten.
Die Ergebnisse dieser Untersuchungen hinsichtlich belästigender Wirkung von Lärm sind deshalb umso bedeutsamer hinsichtlich Geschlechtsunterschieden, als sie mit ganz anderer wissenschaftlicher Zielrichtung durchgeführt wurden.[44]

Die Versuchssituation war relativ einfach. Jüngere (23–25 Jahre) und ältere (48–50 Jahre) männliche und weibliche Bezugspersonen wurden mit unterschiedlichen Umweltgeräuschen (Straßenverkehrslärm, Schießlärm usw.) jeweils 6 Minuten lang beschallt. Durch das Aufleuchten einer Lampe wurden sie alle halbe Minute aufgefordert, durch das Ziehen eines Krafthebels jeweils den Grad ihrer Belästigung zu signalisieren.

Die Ergebnisse[45] sind in Abbildung 7 auf Seite 48 dargestellt und weisen verblüffende Unterschiede im Verhalten von Frauen und Männern auf.

Wie links in Abbildung 7 auf Seite 48 anhand der punktierten dunklen Linie ersichtlich, sind junge Frauen bereits nach einer halben Minute, also quasi sofort, in der Lage, den Grad der Belästigung richtig zu skalieren. Sie behalten diesen sofort gefundenen Skalierungswert über den ganzen Ablauf des Versuchs (6 Minuten) innerhalb einer gewissen Streuung bei.
Ganz im Gegensatz dazu verhalten sich die jungen Männer (gestrichelte helle Linie). Sie benötigen 1,5 bis 2 Minuten um einen etwa konstanten Belästigungsgrad zu finden und beizubehalten.
Rechts in Abbildung 7 auf Seite 48 ist das vergleichbare Verhalten älterer Versuchspersonen dargestellt. Auch hier reagieren die Frauen (punktierte dunkle Linie) ganz entscheidend schneller als die hier sehr langsam sich zurechtfindenden älteren Männer (gestrichelte helle Linie). Letztere brauchen nahezu die gesamte Versuchsdauer (5 bis 6 Minuten) um eine Bewertung zu stabilisieren. Die älteren Frauen hingegen liegen bereits nach 0,5 bis 1 Minute intuitiv richtig und ändern ihre Skalierung praktisch nicht mehr, allenfalls innerhalb des normalen Streubereichs.

44 M. Spreng; G. Föttinger; R. Graf; S. Leupold; T. Lehnemann; W. Märzendorfer: Wirkungsvergleich von impulshaltigen und fluktuierenden Umweltgeräuschen mit physiologischen, psychophysischen und psychologischen Methoden. Umweltbundesamt, B., Ed.: Institut für Physiologie und Biokybernetik, Universität Erlangen 1986.
M. Spreng: Psychological and psychophysical scalings of annoyance compared with physiological reactions. In: O. Manninen (Hrsg.): Recent Advances in Researches on the Combined Effects of Environmental Factors. PK-Paino Oy Printing House: Tampere / Finland 1988, S. 317–331.

45 M. Spreng; G. Föttinger; R. Graf; S. Leupold; T. Lehnemann; W. Märzendorfer, o. a. O.

[Die niedrigeren Skalierungswerte der älteren Männer sind zum Teil auf das gegenüber den älteren Frauen im Mittel schlechtere Hörvermögen in diesem Alter zurückzuführen]. Dieses dem Mann weit überlegene intuitive Einschätzen von Belastungen aufgrund anderer Verschaltungen im weiblichen Gehirn ermöglicht den Frauen potentiell gefährliche oder aggressive Situationen bzw. Verhaltensweisen rechtzeitig zu erkennen und so negative Folgen für sich oder andere (Kinder) zu vermeiden.[46]

Es ist bedauerlich, dass diese sehr wichtigen und hilfreichen Unterschiede zwischen den Geschlechtern sehr häufig fälschlicherweise als Problem in Partnerschaften gewertet werden. Da generell Frauen wohl ihre ausgeprägte Empathie und Intuitionsfähigkeit nicht »abschalten« und Männer ihre diesbezüglich nur schwach ausgeprägten Fähigkeiten weitgehend unterdrücken können, entsteht der falsche Eindruck eines bewussten Nicht-Verstehen-Wollens der einen oder anderen Seite. Dabei ist ein momentanes »Vollverstehen« je nach Situation aufgrund der unterschiedlichen Verschaltung innerhalb der beiden Hemisphären grundsätzlich nicht zu erwarten.

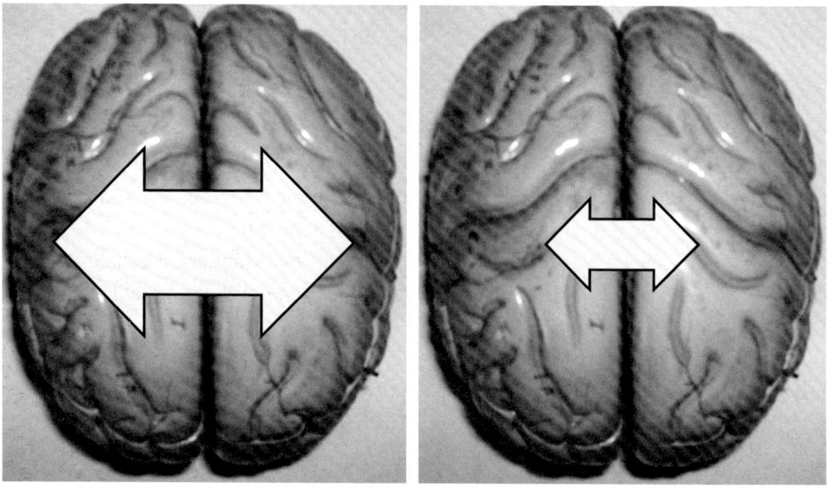

Abbildung 8: Geschlechtsspezifische Unterschiede in der Verbindung zwischen den beiden Gehirn-Hemisphären (schematische Darstellung)

46 S. E. Taylor; L. C. Klein, et al.: Biobehavioral responses to stress in females: Tend-and-befriend, not fight-or-flight. Psychol. Rev. 2000, 107 (3) S. 411–429.

4.3 Geschlechtsspezifische Unterschiede in der Verbindung beider Gehirnhemisphären

oder warum Männer häufig stottern und Frauen drei- bis viermal schneller sprechen können

Wie schon erwähnt, ist bei Frauen das Sprachvermögen besser entwickelt und auch die Diskriminationsleistung beim Hören menschlicher Stimmen ist in bestimmten Situationen beachtlich (siehe unten).
Damit sind Frauen auf diesem Gebiet eindeutig den Männern überlegen, welche andererseits mathematisch stärker begabt sind.[47]

Männer besitzen im Allgemeinen – wie oben erläutert – ein besseres räumliches Denk- und Ordnungsverfahren.[48]
So weisen Jungen bereits in der 7. und 8. Klasse gegenüber Mädchen unterschiedliche mathematische Fähigkeiten auf, und Jungen schneiden in standardisierten Mathematiktests durchschnittlich besser ab.
Obwohl Frauen im Allgemeinen schneller und besser in der Lage sind reine Rechenaufgaben (z. B. Kopfrechnen, Additionen u. s. w.) zu bewältigen als die Männer, sind die Letztgenannten bei komplexeren mathematischen Schlussfolgerungen (z. B. Textaufgaben, Gleichungserstellung) überlegen.

Für die erstaunlichen weiblichen Leistungen beim Sprechen ist eine neuere physiologische Erklärung durch die relativ stärkere Ausbildung des sogenannten Gehirnbalkens gegeben. Dieses dichte Bündel von Nervenfasern (*Corpus callosum*) verbindet die beiden Hirnhälften (Hemisphären) miteinander (Abbildung 8 auf Seite 50).
Bei Frauen ist dieser Nervenstrang um 23 % dicker als bei Männern. Deshalb ist zu vermuten, dass bei Frauen die beiden Hirnhälften durch eine größere Anzahl von Nervenfasern stärker miteinander kommunizieren.
Man konnte darüber hinaus zeigen, dass, wenn Männer reden, nur ihre linke Hirnhälfte aktiv ist. Demgegenüber teilt bei der Mehrzahl der Frauen das Gehirn fast symmetrisch das Sprachvermögen auf: Das ganze Gehirn redet mit.[49]

---

47 C. P. Benbow; J. C. Stanley: Sex differences in mathematical ability: Fact or Artifact? Science 1980, 210; S. 1262–1264.
P. Kempel: Biologische Erklärungsansätze für Geschlechtsunterschiede in intellektuellen und sozialen Fähigkeiten. Genetische, hormonelle und zentralnervöse Differenzen.
www.uni-gießen.de/~g61082/diff/downloads/Kempel/Kempel1.pdf [Stand: 2007];
vgl. http://www.spiegel.de/wissenschaft/mensch/0,1518,362762,00.html [Stand: 08.09.2011].

48 S. Le Vay: Keimzellen der Lust. Die Natur der menschlichen Sexualität; Springer, Heidelberg – Berlin – Oxford 1994.
R. Pool: Evas Rippe. Das Ende des Mythos vom starken und schwachen Geschlecht. Droemer Knaur, München 1995.

49 B. A. Shaywitz; S. E. Shaywitz et al.: Sex differences in functional organization of the brain for language. Nature 1995, 373 (6515) S. 607–609

In der Tat verfügen Frauen über eine höhere verbale Gewandtheit (Wortflüssigkeit) als Männer.
Auch sind gewisse Sprachfelder des Gehirns bei Frauen größer als bei Männern.
Gewöhnlich können Frauen im Durchschnitt viel mehr reden und zuhören als Männer.
So spricht im Mittel ein Mädchen pro Tag etwa dreimal soviel Wörter wie ein Junge.
Kleine Mädchen beginnen im Allgemeinen früher zu sprechen, im Alter von 20 Monaten besteht ihr Wortschatz bereits aus zwei- bis dreimal so vielen Wörtern wie derjenige von Jungen.[50]

Was den Wortschatz angeht, holen die Jungen später auf, aber für die Geschwindigkeit gilt das nicht. Mädchen sprechen in der Regel schneller als Jungen, insbesondere, wenn die Unterhaltung in einer größeren Gruppe stattfindet.[51]
Mädchen sind schon bei Geburt besser in der Lage, im Gesicht zu lesen und den Tonfall einer menschlichen Stimme wahrzunehmen.[52]
Mädchen nehmen in einer menschlichen Stimme ein breiteres Spektrum von Frequenzen und Tönen wahr als Jungen. Schon im Säuglingsalter bemerken Mädchen eine leichte Hebung in der Stimme ihrer Mutter und sie beachten das damit ausgedrückte Verbot.
Die Schaltkreise für zwischenmenschliche und verbale Kommunikation im Gehirn von Frauen sind von Natur aus fester verdrahtet als bei Männern. In der Pubertät aktiviert das viele Östrogen im Gehirn eines Mädchens das Oxytocin und spezifische weibliche Schaltkreise, insbesondere solche, welche die Fähigkeit, sich mit andern zu unterhalten, steuern.[53]
Auch in diesem Zusammenhang darf in aller Kürze ein eigenes Untersuchungsergebnis vorgestellt werden (Abbildung 9 auf Seite 53), welches zwar unter ganz anderen Aspekten durchgeführt, ein doch sehr interessantes geschlechtsdimorphes Resultat erbracht hat.

---

50 J. S. Hyde: Gender differences in verbal ability: A meta-analysis. Psychol. Bull. 1988, 104 (1), S. 53–69.

51 J. S. Hyde, o. a. O.

52 A. Campbell: Aggression, in: D. M. Buss (Hrsg.): The Handbook of Evolutionary Psychology, Wiley, New York 2005.

53 G. A. Mathews; B. A. Fane et al.: Androgenic influences on neural asymmetry: Handedness and language lateralization in individuals with congenital adrenal hyperplasia. Psychoneuroendocrinology 2004, 29 (6) S. 810–822.
A. Salonia; R. E. Nappi et al.: Menstrual cycle-related changes in plasma oxytocin are relevant to normal sexual function in healthy women. Horm. Behav. 2005, 47 (2) S. 164–169.
K. Üvnäs-Moberg; M. Petersson: Oxytocin, a mediator of antistress, well-being, social interaction , growth and healing. Z. Psychosom. Med. Psychother. 2005, 51 (1) S. 57–80.
J. L. Cameron: Interrelationships between hormones, behaviour, and affect during adolescence: Understanding hormonal, physical, and brain changes occurring in association with pubertal activation of the reproductive axis. Introduction to part III. Ann NT Acad sci 2004 (1021) S. 110–123.

Unterschiedlich starke Beeinflussung der Verständlichkeit von Konsonanten bei Männern und Frauen unter Störgeräuscheinwirkung			
Störgeräusch	Fehlerquote		
	Männer	Frauen	
Weißes Rauschen	–161	–403	Männer weniger beeinflusst
Straßenverkehr	– 67	–217	Männer weniger beeinflusst
Schienenverkehr	– 84	–188	Männer weniger beeinflusst
Sprachgebabbel	–438	–285	Frauen besser!

Abbildung 9: Geschlechtsspezifische Unterschiede in der Perzeption von durch Störgeräusche verdeckter Sprachlaute[54]

Bei diesen Versuchen sollte die Frage geklärt werden, wie gut männliche und weibliche Versuchspersonen die Konsonanten von sich reimenden Worten bei Einwirkung verschiedener Störgeräusche diskriminieren können. Es ist dabei natürlich grundsätzlich zu erwarten, dass bei beiden Geschlechtern die Diskriminationsleistung durch die zugespielten Störgeräusche vermindert wird.

Deshalb sind für die jeweilige Fehlerquote immer negative Werte gegeben, wie dies zum Beispiel beim Einwirken eines weißen Rauschens in der ersten Tabellenzeile von Abbildung 9 auf Seite 53 sichtbar ist. Bei den Frauen ist die gemessene Fehlerquote in diesem Falle etwas höher als bei den Männern.
Auch bei Einwirkung von Straßenverkehrsgeräusch und Schienenverkehrsgeräusch sind die Frauen etwas im Nachteil bezüglich korrekter Diskriminierung.
Vergleichsweise wurde dann als weiteres Störgeräusch ein sogenanntes »Sprachgebabbel« (party noise) eingespielt und es konnte erwartet werden, dass dieses aus menschlicher Sprache zusammengesetzte Geräusch besonders stark verdeckend wirken würde. Wie die deutlich höheren Fehlerquoten zeigen, ist dies auch der Fall.
Jedoch tritt hier eine hochinteressante geschlechtsspezifische Umkehr auf, dergestalt, dass hier das männliche Kollektiv deutlich (um den Faktor 2) stärker negativ beeinflusst ist als das weibliche Kollektiv.
Die Verhältnisse hinsichtlich Diskriminationsleistung kehren sich also bei Frauen um, wenn statt »unnatürlicher«, mehr technischer Umweltgeräusche mehr »menschliche Laute« verdeckend einwirken. Mit anderen Worten: Frauen sind besser und konzentrierter in der Lage, menschliche Sprachlaute in natürlicher menschlicher Sprachumgebung (Unterhaltung, Party-Noise usw.) klarer zu diskriminieren als Männer.
Dies deutet einmal auf die bereits erwähnten besonderen neurophysiologischen Eigenschaften von Frauen bezüglich Perzeption menschlicher Stimmen hin, aber besonders auch auf die Bedeutung, welche Frauen zwischenmenschlicher Kommunikation geben.

Die weibliche Fähigkeit, schnell und viel sprechen zu können, hat sehr viel Positives.

54 M. Spreng: Beeinträchtigung der Kommunikation durch Lärm, Umweltbundesamt, B., Ed.: Institut für Physiologie und Biokybernetik, Universität Erlangen. Erlangen 1994.

So setzen z. B. Mädchen Sprache in der Regel ein, um Konsens herzustellen und andere zu beeinflussen.[55]

Andererseits gibt es auch die Kehrseite der Medaille. Eine verärgerte Frau reagiert zwar zögerlicher, aber wenn die Sprachschaltkreise dann einmal in Gang gekommen sind, können sie ein Trommelfeuer wütender Worte hervorbringen, mit dem die Männer nicht mithalten können.[56]

Häufig kennen Frauen nicht die Wirksamkeit dieser »Waffe«, welche sie damit besitzen und gegen die der Mann so gut wie keine Abwehrmöglichkeit hat, so dass es gelegentlich nicht erstaunt, dass dieser bei mangelnder Beherrschung bedauerlicherweise glaubt, nur noch mit körperlicher Gewalt reagieren zu können.

Besonders im Nachteil sind jedoch Männer, wenn es um Schädigungen des Gehirns geht, welche bei ihnen häufiger Zentren betreffen, die für die Sprache verantwortlich sind (z. B. Schlaganfälle). Hier ist die Kompensations- und Regenerationsmöglichkeit durch die unterschiedliche Anlage und Verschaltung bei den Frauen deutlich größer, wobei wohl auch die bei Frauen kritische Hirnregion seltener verletzt wird.[57]

Überdies findet man auch kaum stotternde Frauen, wohingegen Männer häufig derartige Sprachstörungen wie Stottern oder Poltern aufweisen.

5. Muttersprache

5.1 Kritische Spracherwerbsphasen in den ersten 3 Lebensjahren von Kindern
oder warum es nicht Vatersprache sondern Muttersprache heißt

Monatelang ist er bei völliger Dunkelheit eingesperrt. Er schwimmt nahezu schwerelos in einer salzigen Flüssigkeit, hat so kaum taktile Kontakte und fühlt deshalb wenig. Er muss weder atmen noch Nahrung zu sich nehmen, da das, was er braucht, direkt in seine Blutbahn geleitet wird.

» Lebt er denn überhaupt, lebt er denn wirklich?

» Ja, er lebt, denn er hört: Er hört Geräusche (Abbildung 10 auf Seite 55).

Am Anfang war das Hören, nicht das Sehen; am Anfang waren Geräusche und die Mutterstimme!

55 D. Tannen: You just don't understand: Women and men in conversation; William Morrow: New York 1990.

56 C. S. Li; T. R. Kosten et al.: Sex differences in brain activation during stress imagery in abstinent cocaine users: A functional magnetic resonance imaging study. Biol. Psychiatry 2005, 57 (5) S. 487–494.

57 D. Kimura: Weibliches und männliches Gehirn. Spektrum der Wissenschaft 1992, 11; S. 104.

Abbildung 10: Vorgeburtliches Hören insbesondere der Mutterstimme[58]

In der Tat entwickelt sich das Gehör des menschlichen Föten im Mutterleib bereits beginnend mit der 14. bis 24. Entwicklungswoche (Hörbeginn ab 16. Woche), wobei das Menschlein erst etwa 13 Zentimeter groß ist.

Hören vermittelt also die ersten Sinneseindrücke des Menschen; denn mit Sicherheit kann gesagt werden, dass das Gehör schon vor der Geburt physiologisch aktiv ist.

Wohl liegt eine geringere Empfindlichkeit vor, die jedoch durch die gute Ankopplung über Flüssigkeit zum Teil kompensiert wird. So können Herzschlag, Darmgeräusche und später sicher auch Sprache der Mutter zwar dumpfer, aber hinsichtlich charakteristischer Sprachmelodie gut wahrgenommen werden und so bereits gewisse auditive Lernvorgänge anstoßen.

Denn der Mensch besitzt ein genetisch festgelegtes System zum Hörerwerb.

Kinder sind von Geburt an fähig, die mütterliche Stimme gegenüber anderen deutlich zu unterscheiden bzw. gegenüber allen anderen zu bevorzugen.

Neuere Untersuchungen verdeutlichen dies:

58 M. Spreng: Physiologische Grundlagen der kindlichen Hörentwicklung und Hörerziehung Institut für Physiologie und Biokybernetik, Universität Erlangen; Vortrag Hochschule der Medien (Ganz Ohr? Neue Wege der Hörerziehung), Stuttgart 12. November 2004. http://www.schulinfos.de/ifdt/anla/Horen_beim_Kind_Spreng_Universitat_Erlangen.pdf [Stand: 07.09.2011].

» Bevorzugung der Mutterstimme gegenüber allen anderen;[59]
» Klänge, Melodien, Geräusche, die vorgeburtlich gehört wurden, werden nach der Geburt schneller erkannt;[60]
» Kinder mit französisch sprechenden Müttern reagieren im Alter von zwei Tagen auf Französisch und nicht auf Russisch;[61]
» Kinder mit englisch sprechenden Müttern reagieren im Alter von zwei Monaten auf Englisch und nicht auf Italienisch;[62]

um nur einige derartige Beispiele zu erwähnen.

Es ist in diesem Zusammenhang interessant, dass Kleinstkinder sich an dasjenige, was sie ab der 20. Gestationswoche *in utero* gehört haben, noch zwölf Monate nach der Geburt »erinnern« können.

Unmittelbar nach der Geburt ist die Wahrnehmung über den ganzen Hörbereich, über die ganze Vielfalt von Intensitäten und Frequenzen, und damit über den ganzen Bereich der akustisch-kommunikatorischen Ereignisse erweiterbar.

In dieser Säuglingsphase (0 bis 6. Monat) bringt das Kind beachtliche Lust auf Lautbilder, Lust auf Repetieren und eine erstaunliche Imitationsfähigkeit mit. Vor allem bringt es jedoch angeborene, spezialisierte, neuronale Erkennungselemente für Konsonant-Vokal-Folgen, für Frequenzübergänge und Intensitätsvariationen mit.

59 H. Grimm: Sprachentwicklung – allgemeintheoretisch und differentiell betrachtet, in: R. Oerter; L. Montada (Hrsg.): Entwicklungspsychologie, Weinheim 1995.

60 R. J. Ruben: Language – A medical concern. Unpubl. Manuscript; Albert Einstein College of Medicine, New York 2000.

61 P. W. Juscyzk, J. Bertoncini: Viewing the development of speech perception as an initially guided learning process. Language and Speech 1988, S. 31217–238.

62 L. Mehler et al.: A precursor of language. Cognition 1988, 19; S. 143–178.

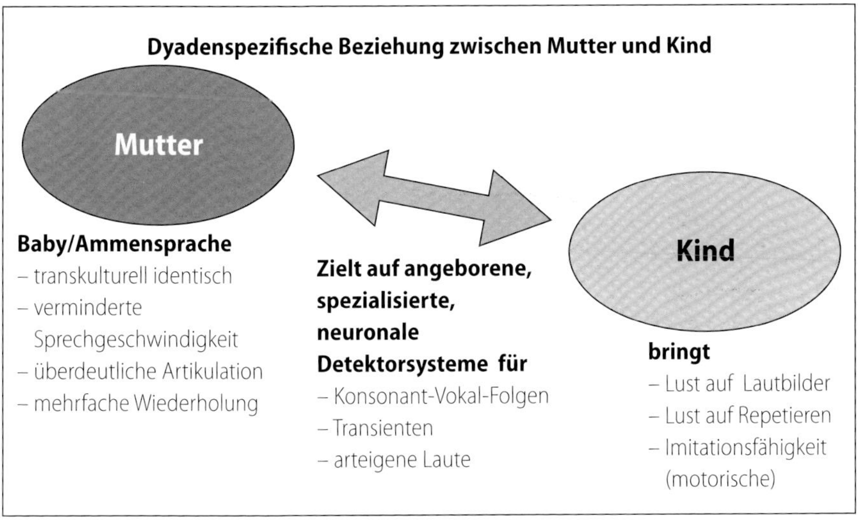

Abbildung 11: Dyadenspezifische Beziehung zwischen Mutter und Kind[63]

Die adäquate Stimulation erfolgt durch die sog. Baby- bzw. Ammensprache, welche transkulturell identisch, mit verminderter Sprechgeschwindigkeit, überdeutlicher Artikulation und mehrfacher Wiederholung angeboten, dem noch unausgereiften Hörsystem des Säuglings entgegenkommt.

Es liegt auf der Hand, dass dafür die vorgeburtlich gehörte Sprache der Mutter die entscheidende Voraussetzung ist, die auch durch noch so enge Kommunikation mit dem Vater nicht ersetzt werden kann.
Denn bereits in den ersten 10 Lebenstagen wird eine dyadenspezifische Verständigung zwischen Mutter und Kind aufgebaut, die in der Folge voll ausgenutzt werden muss, um eine ungestörte Sprach- und damit kognitive Entwicklung (z. B. Vermeidung von Sprachentwicklungsstörungen und letztlich Lese-Rechtschreibschwächen) zu gewährleisten (Abbildung 11 auf Seite 57).
Wenn der so wichtige Aufbau und Erhalt der kommunikativen Beziehung zwischen Mutter und Kind nicht ausreichend und lang genug gegeben ist, kann die Imitationsfähigkeit des Säuglings nicht voll zur Geltung kommen und es kommt durch Misserfolge frühkindlicher Lernprozesse zu Apathie (learned helplessness).
Ebenso ist die Krippen- bzw. Kitaerziehung der Unter-drei-Jährigen unter diesem Aspekt sehr kritisch zu sehen, da weder eine fremde Frauenstimme gegenüber dem einzelnen Kind noch viel weniger in einer größeren Gruppe diese für die kognitive Entwicklung des Kindes enorm wichtige dyadenspezifische Bindung ersetzen kann.

63 M. Spreng: Physiologische Grundlagen, o. a. O.

Dies gilt insbesondere auch für die anschließende **sensible Kleinkindphase I** (6. Monat bis 3 Jahre).
Die in dieser Phase der Ausbildung aller zur Laut- und Spracherkennung notwendigen Fähigkeiten ablaufenden entscheidenden Reifungsprozesse sind begleitet von einer explosionsartigen Ausbildung und Festigung synaptischer Verbindungen im zentralen Gehirn, welche diese sensible Kleinkindphase I kennzeichnen (Abbildung 12 auf Seite 58)[64] und bleibend die kognitive Entwicklung und damit auch bleibend die »Wahrnehmungsform Hören« bestimmen.
Dabei ist von besonderer Wichtigkeit, dass die Entwicklung der Kommunikationsfähigkeit (Hören, sowie komplexe Ausbildung von Stimmgebung und Artikulation) nicht stetig verläuft (Stufen im rechten Teil von Abbildung 12 auf Seite 58). Es finden sich vielmehr innerhalb der ersten Lebensjahre Phasen von Entdifferenzierung und Differenzierung der motorischen Fähigkeiten, deren Zeitpunkte individuell verschieden liegen und die nur mit durchgehendem Kontakt zur Mutter optimal bewältigt werden können.[65]

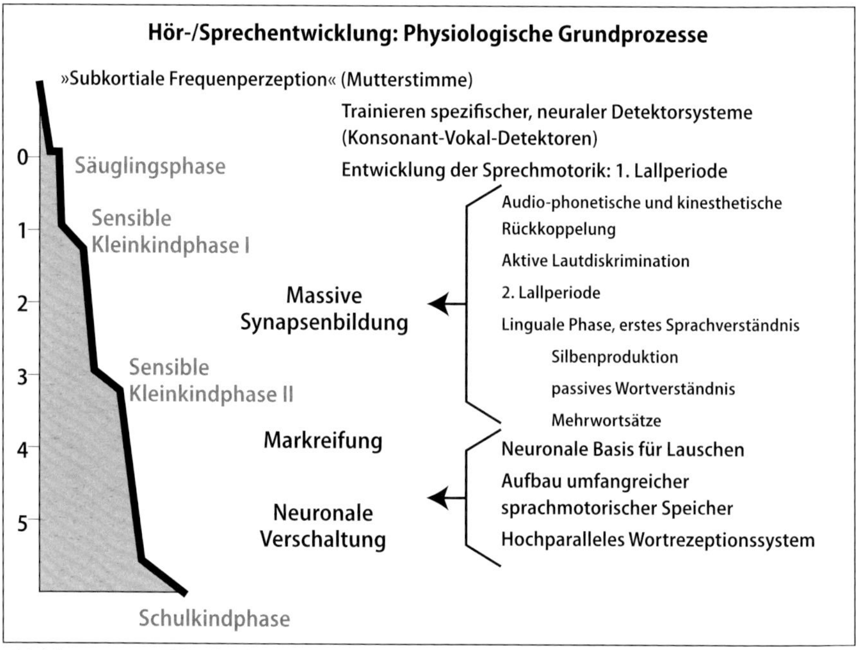

Abbildung 12: Sensible Kleinkindphasen des Spracherwerbs

In diesem Zusammenhang ist interessant, dass zwar Kindheitserinnerungen an die ersten drei bis vier Lebensjahre nahezu nie gezielt abrufbar bzw. berichtbar sind. Dies mag damit

64 M. Spreng: Physiologische Grundlagen, o. a. O.

65 G. Stange; C. Holm: Entwicklungszusammenhänge von Hören, Stimme und Sprechen im Kindesalter, in: M. Spreng (Hrsg,): Interaktion zwischen Artikulation und Perzeption. Thieme, Stuttgart 1980, S. 6–12.

erklärbar sein, dass bei derartigen neuronalen Auf- und Abbauprozessen der Schlüssel zu den spezifisch verarbeiteten und anders gespeicherten frühkindlichen Vorgängen und Erlebnissen verlorengeht bzw. durch einen anderen Schlüssel ersetzt wird.[66]

Andererseits handelt es sich dabei um fest eingeprägte, weitgehend unbewusste, jedoch die Persönlichkeit entscheidend bestimmende Erfahrungen. Auch dies weist auf die wichtige kontinuierliche Zuwendung durch die Mutter hin, welche das Kind in dieser sensiblen Phase der ersten drei bis vier Lebensjahre erfahren muss und welche durch Fremdbetreuung nur in seltenen Fällen ersetzbar ist.

Es steht außer Frage, dass auch in der **sensiblen Kleinkindphase II**, in welcher durch Markreifung der Nerven und zunehmende neuronale Verschaltungen, Beschleunigungen und komplexere Lernprozesse ermöglicht werden, eine stabilisierende Verbindung zur Mutter und zur Familie von entscheidendem Vorteil für die gesunde Kindesentwicklung ist.

In dieser ebenfalls als ausgesprochen sensibel zu bezeichnenden Kleinkindphase II ist neben der Steigerung von Verarbeitungsgeschwindigkeiten die Bildung semantischer Strukturen von Bedeutung. Zusätzlich ist das normal entwickelte Gehör in der Lage Störgeräusche in gewissem Grade zu unterdrücken bzw. kann diese Fähigkeit bei erzieherischer Forderung und Förderung weiter ausbauen. Solche Vorgänge bilden auch die Basis der wichtigen Fähigkeit des Lauschens.
In der Tat ist dies eine ungeheure dynamische und komplexe Leistung des Gehörs, optimal angepasst an die schnelle Erkennung von Schallen allgemein und speziell von Sprachlauten auch unter Störgeräuscheinfluss.

In dieser sensiblen Kindphase II erfolgt auch die langfristig weiterlaufende Anlage eines – im Vergleich zu anderen Speichern motorischer Programme – außerordentlich großen Speichers für sprachmotorische Programme.
Denn mit Sicherheit arbeitet unser Gehör bei der Spracherkennung als hochparalleles System. Dabei darf man sich die Verarbeitung nicht so vorstellen, dass nach einer gewissen längeren Verarbeitungszeit ein zentraler Entscheidungsmechanismus den besten Kandidaten für ein Wort aus einem vorliegenden Lexikon heraussucht.
Vielmehr wird durch den Beginn eines Wortes im Sinne einer Parallelverarbeitung zunächst eine große Liste möglicher Bedeutungskandidaten eröffnet, die alle mit einer ähnlichen akustischen Folge beginnen. Durch weiter einlaufende akustische Information fallen mit zunehmender Dauer des akustischen Signals mehr und mehr Wortkandidaten aus der eigentlichen Verarbeitung heraus, bis schließlich ein einziger Kandidat verbleibt. Dies entspricht einer Realzeit-Verarbeitung, bis am Ende das am besten passende

66 M. Spreng: Die Wirkung von Lärm auf die Sprachentwicklung des Kindes, in: L. Huber; J. Kahlert; M. Klatte (Hrsg.): Die akustisch gestaltete Schule. Auf der Suche nach dem guten Ton. Vandenhoeck & Ruprecht, Göttingen 2002, S. 43–60.

Ergebnis überlebt, und deshalb ist der Worterkennungsvorgang bei gut funktionierendem Gehör und störgeräuschfreier Umgebung oft bereits vor dem tatsächlichen akustischen Ende eines Wortes beendet.

Es liegt auf der Hand, dass auch dieses für die schnelle Perzeption entscheidend wichtige Verarbeitungsprinzip gelernt und trainiert werden muss. Notwendig ist dabei natürlich das sprachliche Angebot eines breiten Wortschatzes möglichst im Kontakt mit der bekannten Bezugsperson
Es ist wichtig zu bemerken, dass dabei besonders sensible Phasen nicht verpasst werden dürfen, da sonst entsprechende Entwicklungsschritte nicht oder nur mangelhaft nachzuholen sind. Sensible Perioden sind des Weiteren nicht beliebig verlängerbar, allenfalls nur geringfügig.
Insofern kommt also einer relativ ungestörten, hörrichtigen Spracherziehung eine große Bedeutung zu. Diese sollte bewusst früh beginnen und unter Ausnutzung der Plastizität des kindlichen Gehirns dem Kind die Akquisition optimaler Lösungsstrategien zum Spracherwerb und kognitivem Verarbeiten ermöglichen.

Es ist also im Kindergarten bis Vorschulalter die fortschreitende Ausbildung des phonematischen Hörens eine für die weitere Entwicklung entscheidende Erwerbsaufgabe, die in möglichst ungestörter, natürlicher Sozialumgebung angegangen werden sollte. Dabei sind die im Kleinkindalter noch physiologischen Redeflussstörungen (Tendenzen zum Poltern oder Stottern) umso leichter abbaubar, je mehr der psychosoziale Stress in der Familie und im sonstigen Umfeld reduziert wird.

Die Spracherwerbs fördernde Bedeutung des engen Kontaktes mit der Mutter in den ersten drei Lebensjahren und die eines ungestörten familiären Umfelds kann nicht hoch genug angesetzt werden, wenn man die kürzlich im Rahmen des Barmer Arztreports 2012 herausgefundenen besorgniserregenden Analysen betrachtet. Anhand großer Datenmengen hat man ermittelt, dass 38 % der Jungen und 30 % der Mädchen im sechsten Lebensjahr eine Sprechstörung aufweisen, die zu 20 % bzw. 14 % logopädisch behandelt werden muss (Kosten bundesweit knapp unter einer Milliarde Euro).
Wörtlich heißt es im Barmer Ärztereport: »*Es handelt sich um Störungen, bei denen die normalen Muster des Spracherwerbs von frühen Entwicklungsstadien an beeinträchtigt sind.[…]*
Umschriebene Entwicklungsstörungen des Sprechens und der Sprache ziehen oft sekundäre Folgen nach sich, wie Schwierigkeiten beim Lesen und Rechtschreiben, Störungen im Bereich der zwischenmenschlichen Beziehungen, im emotionalen und Verhaltensbereich.« [67]

67 T. G. Grobe; H. Dörning; F. W. Schwartz; Institut für Sozialmedizin, Epidemiologie und Gesundheitssystemforschung (ISEG): BARMER GEK Arztreport 2012; in: Schriftenreihe zur Gesundheitsanalyse, Band 12, St. Augustin 2012, S.180.

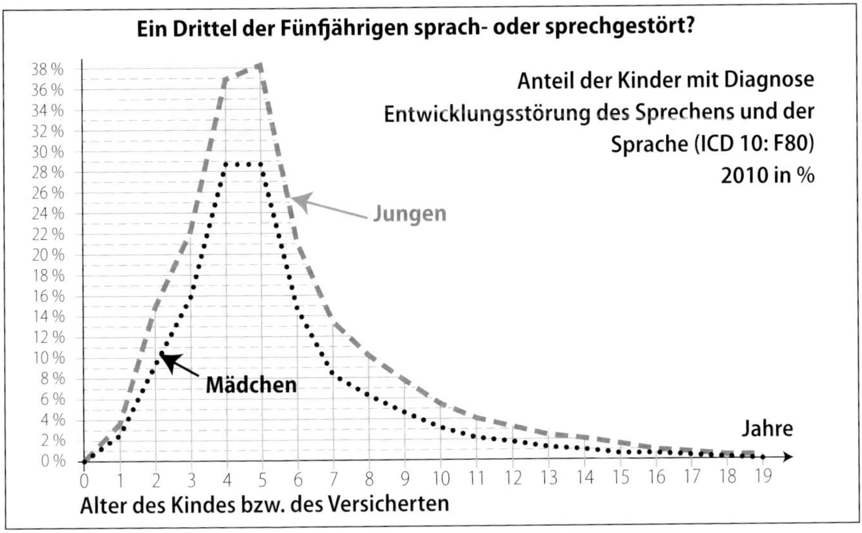

Abbildung 13: Anteil der Kinder mit Sprachstörungen in den verschiedenen Altersgruppen gemäß den Untersuchungen des Barmer Ärztereports 2012 (Die obere Verteilungskurve betrifft die Jungen, die darunterliegende die Mädchen) [68]

Die Sprachstörungen äußern sich detailliert am häufigsten in Artikulationsstörungen, Lispeln (Sigmatismus), verschluckten Wörtern, fehlerhaften Satzkonstruktionen und grammatikalischen Fehlern.

Dabei wird ersichtlich, dass diese Entwicklungsstörungen in zeitlich eng umrissenen Lebensphasen bei Kindern insgesamt sehr häufig diagnostiziert werden. Gemäß Abbildung 13 sind am häufigsten Kinder im fünften und sechsten Lebensjahr betroffen.
Weiterhin werden in dem Report als deutliche Hinweise auf Verzögerungen des Sprachgebrauchs das Nichtbeherrschen einzelner Worte oder wortähnlicher Gebilde im Alter von zwei Jahren und das Unvermögen zur Bildung einfacher Zweiwortsätze im Alter von drei Jahren angesehen.
Spätere Schwierigkeiten sind ein eingeschränktes Vokabular, häufiger Gebrauch weniger einzelner Worte, Schwierigkeiten in der Auswahl zutreffender Worte und Synonyma, kurze Satzlängen, unreife Satzstruktur und ferner syntaktische Fehler, besonders das Weglassen von Wortendungen oder Präfixen, sowie falscher oder fehlender Gebrauch grammatischer Einzelheiten.
Störungen in der Wort-Laut-Produktion sind häufig und derartige Sprachstörungen zeigen nach dem sechsten Lebensjahr nur einen verhältnismäßig langsamen Rückgang.

68 T. G. Grobe et al.: BARMER GEK Arztreport 2012, S.190

In diesem Zusammenhang lässt der Barmer Ärztereport erkennen, dass sich auch die Aufmerksamkeitsdefizit-Hyperaktivitätsstörung (ADHS) überdurchschnittlich häufig bei Jungen findet. Jeder zehnte Neunjährige geht zum Neurologen oder Psychiater (9,6 %), 60 % davon mit der Diagnose ADHS. Zum Vergleich: Bei neunjährigen Mädchen sind es 6 %, davon rund 40 % mit ADHS-Diagnose.

Demgemäß sind häufig auch längerfristige Therapien erforderlich, die im Regelfall primär aus einer logopädischen Behandlung bestehen, wobei sich die höchsten Behandlungsraten im Alter von sechs Jahren zeigen.

Mit Recht weist der Barmer Ärztereport abschließend darauf hin, dass bei den Störungen des Sprechens und der Sprache in der Regel von einem frühzeitigen Beginn der Störung in der Kindheit auszugehen ist.

Die Ergebnisse einer hoch aktuellen Studie[69], welche aufzeigt, dass bei Kleinkindern die viel Zuwendung und Liebe bekommen das Gehirn schneller wächst, sollen deshalb in diesem Zusammenhang noch Erwähnung finden. Die Verfasser dieser 2012 veröffentlichten Studie stellten fest, dass die mütterliche Unterstützung im Kleinkind-Alter die Hirnregion des eingangs erwähnten Hippocampus wachsen lässt, was sogar bei den bildgebenden Verfahren der Magnetresonanztomographie (MRT) sichtbar wurde.
Diese auffällige Korrelation zwischen dem Wachstum der Hirnregion des Hippocampus und der in früheren Tests festgehaltenen mütterlichen Zuwendung ergab sich trotz der Tatsache, dass die Entwicklung dieser Hirnregion auch vom Geschlecht der Kinder und anderen Variablen (z. B. psychisch belastende Ereignisse) abhängig ist. Faktoren wie das Alter oder die soziale Stellung der Eltern hatten laut Aussage der Forscher keinen signifikanten Einfluss. Zudem war der statistische Zusammenhang zwischen dem Wachstum der Hirnregion des Hippocampus und der mütterlichen Zuwendung auch bei Berücksichtigung der anderen Einflussgrößen verhältnismäßig stark.

Das bei mütterlicher Zuwendung verstärkte Wachstum des Hippocampus kann für den weiteren Lebensverlauf von entscheidender Bedeutung sein, da die spezielle Hirnregion einen wesentlichen Einfluss auf das Gedächtnis, die Emotionen und deren Verarbeitung sowie die Stressbewältigung hat.
Nach Ansicht der Forscher können diese Befunde als Hinweis auf die generelle Bedeutung mütterlicher Zuwendung für die Kleinkinder gewertet werden. So gehen die Untersucher davon aus, dass durch die Zuwendung und Unterstützung der Mütter tatsächlich das spätere Wachstum wichtiger Gehirnregionen bei den Kleinkindern angeregt wird.

---

69 J. L. Luby; D. M. Barch; A. Belden; M. S. Gaffrey; R. Tillman; C. Babb; T. Nishino; H. Suzuki; K. N. Botteron: Maternal support in early childhood predicts larger hippocampal volumes at school age. Proceedings of the National Academy of Sciences 2012, S. 1–6.

In der Tat haben Experten der unterschiedlichsten Fachrichtungen bei einer Expertenrunde im Familienministerium im Zusammenhang mit der Krippenpolitik vor einem dogmatisch betriebenen Ausbau der Kleinkindbetreuung gewarnt. Die analytischen Therapeuten, Bindungsforscher und auch Gehirnforscher befürchten eine massive Zunahme von Depressionen und Hyperaktivität im Grundschulalter. Dies ist auch aus pathophysiologischer Sicht zu erwarten. Denn Kinder bilden bei der Trennung von der Mutter übermäßig viel Stresshormon Cortisol aus. Durch Stress und dauerhaft erhöhten Cortisolspiegel wird die Neurogenese, also das wichtige Wachstum und die notwendige Verschaltung des Hippocampus, gehemmt.

6. Zusammenfassung

Es kann abschließend gesagt werden, dass zahlreiche prägende neurophysiologische Unterschiede zwischen den Geschlechtern in den sie charakterisierenden Gehirnen existieren. Diese sind weder durch Erziehung noch durch sozio-kulturelle Veränderungsbestrebungen überbrückbar oder gar austauschbar. Sie sind im Gegensatz zu den äußerlichen Geschlechtsmerkmalen auch nicht chirurgisch noch nennenswert und schadensfrei hormonell beeinflussbar.
Sie prägen die menschliche Natur und damit die Geschlechtsidentität in nicht beliebig manipulierbarer Weise.

Diese wichtigsten Unterschiede können wie folgt in Abbildung 14 auf Seite 64 zusammengefasst werden:

Wie gezeigt werden konnte, ist zusätzlich die Bedeutung eines engen und permanenten Kontaktes während der Säuglings- und sensiblen Kleinkindphase I (0–3 Jahre) mit der Mutterstimme für die optimale Sprachentwicklung und damit für die kognitive Entwicklung des Kindes evident.

Die einseitig theoretisierende Gender Mainstreaming-Ideologie begeht den fundamentalen Irrtum, diese als entscheidende menschliche Gegebenheit vorliegenden neurophysiologischen Unterschiede in den Gehirnen von Frau und Mann völlig auszuklammern bzw. fälschlicherweise zu behaupten, diese festgelegten Gegebenheiten um- bzw. dekonstruieren zu können.

Den Anspruch, wissenschaftlich fundiert zu sein, können Gender Mainstreaming und die sogenannten Genderstudies deshalb keinesfalls erheben. Gender ist also nicht eine wissenschaftliche Theorie oder Hypothese, wie dies auch die philosophisch/ideengeschichtliche Betrachtung von Harald Seubert in diesem Band erkennen lässt.

Die der Geschöpflichkeit von Mann und Frau zuwiderlaufende Gender-Mainstreaming-Ideologie und deren Bestrebung, die Bildung einer eigenen Identität zugunsten einer individualistisch geprägten Gesellschaft ohne »echte Väter und Mütter« zu verhindern, stellt demzufolge eine Gefahr für den Einzelorganismus und vor allem für die Familie dar. Eine derartige dekonstruierte Gesellschaft kann Gruppierungen mit starker Identität und gutem Zusammenhalt nicht widerstehen und wird untergehen.

Frauen		**Männer**
Detailwahrnehmung	Amygdala	Wahrnehmung von Zusammenhängen
Vermehrt depressiv	Hypothalamus	Vermehrt schizophren
Rasche Signalverarbeitung	Graue/Weiße Gehirnsubstanz	Besseres Orientierungsvermögen
Größere Plastizität für unterschiedliche Aufgaben Extrem hohe Sprachkompetenz Geringere Anfälligkeit für Läsionen	Gehirnasymetrie	Schnellere Reaktionsfähigkeit Bessere handwerklich/räumliche Beweglichkeit Stärkere Anfälligkeit für Läsionen
Höheres Maß an Empathie und vor allem an Intuition	Gehirn-verschaltung	Ausgeprägtere Deduktionseigenschaft (Systemaufbau) Verzögertes Begreifen
Höhere verbale Wortgewandtheit und schnelleres Sprechen Kaum Sprachstörungen	Verbindung der Gehirnhälften	Geringeres Sprachvermögen und schwächere Hör-Diskriminationsleistung Häufiger Poltern und Stottern

Abbildung 14: Zusammenfassung der wichtigsten Unterschiede in den Gehirnen von Frau und Mann

In der Tat gibt es Beispiele für die negativen Folgen eines Handelns gegen die geschöpflichen Vorgaben des menschlichen Organismus.

Bereits die Nichtbeachtung des normalen Tag-Nacht-Rhythmus (Circadian-Rhythmus), der durch licht-synchronisierte Taktgeber im Zwischenhirn des Menschen (Nucleus suprachiasmaticus) sehr genau bestimmt ist, führt längerfristig zu gesundheitlichen Beeinträchtigungen. Schichtarbeiter sind häufiger krank als normal arbeitende Menschen.

Neuerdings hat man auch beim Menschen – wie früher bereits bei Tieren- einen sogenannten 7-Tage-Rhythmus (Circaseptan-Rhythmus) aufgedeckt. Dieser zeigt sich z. B. darin, dass der natürlich schwankende Plasmacortisolspiegel ca. alle sieben Tage ein besonders ausgeprägtes relatives Minimum aufweist. Da Cortisol ein in alle Zellen leicht eindringbares, komplex wirkendes – nur für gewisse Aufgaben notwendiges – Stresshormon ist, sollte deshalb zur Gewährleistung langfristig sich normal ausbildender 7-Tage-Minima des Cortisolspiegels im Blut angeraten sein, eine Ruhephase alle sieben Tage einzuhalten, um negative gesundheitliche Auswirkungen zu vermeiden.

Der wichtige Hinweis auf eine derartige geschöpfliche Gegebenheit, welche die medizinische Wissenschaft erst kürzlich gefunden hat, sowie auf deren Konsequenz findet sich übrigens bereits in dem jahrtausende alten Buch Mose der Bibel (2. Mose 23,12) mit der Aussage: »*Sechs Tage sollst du deine Arbeiten verrichten. Aber am siebten Tag sollst du ruhen, ...*«

In diesem Zusammenhang ist es interessant, dass der während der Französischen Revolution unternommene Versuch der Einführung einer 10-Tage-Woche nicht sehr lange durchführbar war. Aufgrund von Protesten derjenigen, für welche die Revolution ursprünglich gemacht wurde, der Arbeiter und Bauern, wurde diese bald wieder auf die geschöpflich vorgegebene 6-Tage-Arbeitswoche reduziert.

Die unhaltbare und hinter die Aufklärung, mit deren wissenschaftlicher Rationalität zurückfallende Gender-Mainstreaming-Ideologie wird, als das, was sie darstellt, nämlich eine Art kultureller Revolution, auf Dauer ebenfalls scheitern. Die Frage ist nur, wann, und welche Schäden wird sie hinterlassen. Diese Frage, welche Schäden die gegen die geschöpflichen Vorgaben im Gehirn von Mann und Frau gerichtete Ideologie des Gender Mainstreaming anrichten kann, muss deshalb sorgfältig diskutiert und breit verdeutlicht werden.[70]

Gute Schöpfungsordnung

Nicht Gleichheit, sondern nur Verschiedenheit kann sich optimal ergänzen!

Wertgleichheit setzt nicht Rollenidentität voraus

Ergänzende Gefährtin:		
Detailwahrnehmung	ergänzt	Zusammenhangswahrnehmung
Rasche Signalverarbeitung	ergänzt	gutes Ortungsvermögen
Starke Gehilfin:		
Bereitschaft und Anpassungsfähigkeit für unterschiedliche Aufgaben	verstärkt	schnelles Reaktionsvermögen und zielgerichtetes handwerklich/räumliches Vermögen
Besonnene Ratgeberin		
Hohes Maß an Empathie und Intuition	optimiert	ausgeprägte Deduktionseigenschaft und Fähigkeit zur Synergie

Abbildung 15: Gute Schöpfungsordnung

70 G. Kuby, o. a. O.
G. Kuby: Relativismus in Aktion – Die Gender Revolution, in: Medizin und Ideologie Nr. 4 (2006), S. 27–35.
B. Rosenkranz: MenschInnen. Gender Mainstreaming. Auf dem Weg zum geschlechtslosen Menschen. Ares-Verlag, Graz 2008.
S. Kummer: Das geschlechtslose Es oder: »Zweifel am leibfernen Ideal der Gleichheit als politischem Konstrukt«, in: P.-H. Gruner; E. Kuhla (Hrsg.): Befreiungsbewegung für Männer. Auf dem Weg zur Geschlechterdemokratie. Essays und Analysen, Psychosozial Verlag, Gießen 2009.
H.-B. Gerl-Falkovitz: Frau – Männin – Menschin. Zwischen Feminismus und Gender, Butzon & Bercker, Kevelaer 2009.

Dabei stellt sich heraus, dass dann, wenn der polarisierende Unterschied von Mann und Frau in seiner Bedeutung für das Zusammenleben in der Gesellschaft massiv herabgewürdigt wird,

» es paradoxerweise besonders für die Frauen mit anderen selbst erlebten motivationalen Grundlagen zu inneren Konflikten kommt und nur noch die äußerliche Hülle wichtig wird;
» für Männer schwindende Bindungsfähigkeit und Verantwortungslosigkeit bzw. Orientierungslosigkeit vorherrscht;
» und für Kinder – so diese trotz, gemäß Gender Mainstreaming zu liberalisierender Abtreibungsregelung überleben – eine bereits im Kindergarten und insbesondere in den Schulen zu indoktrinierende Frühsexualisierung und identitätsdiffuse Vielgeschlechtlichkeit droht.

Die zwangskollektive Gender-Mainstreaming-Ideologie wird sich letztlich nicht durchsetzen, wenn der vernünftige Mensch bereit ist, die wunderbare gegenseitige Ergänzung von Frau und Mann zu erkennen, diese anzuerkennen und sie als Schöpfungsgeschenk wertzuschätzen.
Dies wird auch durch den Beitrag von Harald Seubert in diesem Band in eindrucksvoller Weise aus philosophischer und ideengeschichtlicher Sicht verdeutlicht, wenn er in Anlehnung an Edith Stein die wechselseitige Ergänzung, aber auch die Aufgabe eines wechselseitigen Spiegels von Frau und Mann herausarbeitet.

Dabei kann sich jeder auf die gute Schöpfungsordnung verlassen, die vor allem deutlich macht, dass **nicht Gleichheit, sondern nur Verschiedenheit sich optimal ergänzen** kann. Gleichheit kann sich höchstens addieren. Die Schöpfungsordnung macht zusätzlich deutlich, dass **Wertgleichheit nicht immer Rollenidentität mit einschließt,** sondern dass in den Unterschieden ein tiefer Sinn zu finden ist.
Wenn man vereinfachend Aussagen in den Sprüchen der Bibel mit dem eingangs Gesagten verknüpft, ist dies deutlich zu erkennen (Abbildung 15 auf Seite 65).

Selbstverständlich ist die Aufstellung in Abbildung 15 auf Seite 65 auch von der männlichen Seite her zu lesen (z. B. der Mann als starker Gehilfe der Frau), so dass dadurch das Verhältnis der Geschlechter deutlich als schöpfungsgemäße Polarität aufscheint, die auf das Komplementäre angewiesen ist, wie von Harald Seubert näher ausgeführt, und eben nicht als Differenz und Kampffront zu beschreiben ist.

Aus der in Abbildung 15 auf Seite 65 erfolgten Gegenüberstellung der hirnphysiologischen Unterschiede von Frau und Mann ist auf verblüffende Weise deutlich die gütige Absicht des Schöpfers zu erkennen, welche genial diese verzahnte und optimal sich ergänzende komplementäre Polarität des Menschenpaares geschaffen hat. Sie sind in ihrer Komplementarität unausweichlich aufeinander angewiesen, wie dies z. B. der Philosoph Hegel mehrfach verdeutlicht.

Deshalb sollten die auch in der Polarität begründeten Gegensätze und Fragilitäten des gegenseitigen Verstehens, die häufig aus einfachen physiologischen Gründen ein oft egoistisch gewünschtes Vollverstehen der beiden Geschlechter grundsätzlich nicht möglich machen, im Blick auf diese eigentliche Ergänzungsabsicht des Schöpfers bewusst den ihnen zukommenden niedrigen Stellenwert bekommen. In Erkenntnis dieser Absicht und damit auch in Erkenntnis der Gott-Ebenbildlichkeit ist die Isolierung der Geschlechter und der Zwang, sich gegeneinander durchzusetzen, in eine höhere Einheit aufgehoben, wie dies Harald Seubert treffend formuliert.

So sollte man – nicht zuletzt auch gestützt auf die hier vorgetragenen Fakten – die zerstörerischen ideologischen Phrasen des Gender Mainstreaming entlarven können; und es sollte möglich sein, Frausein und Mannsein ehrlich zu bejahen, die gute Schöpfungsordnung anzuerkennen und auf verlässliche gegenseitige Ergänzung, Verstärkung und Optimierung zu bauen.

Gender Mainstreaming oder: Lasst uns einen neuen Menschen machen

Eine philosophische Kritik[1]

HARALD SEUBERT

I. Vorbemerkungen:

1. Lange Zeit ging die Bewegung des ›Gender Mainstreaming‹ so geschickt, flächendeckend und zugleich stillschweigend vonstatten, dass weite Teile der Bevölkerung überhaupt nicht begriffen haben, was geschah. Mittlerweile ist die Strategie gut dokumentiert.[2] Man geht nicht zu weit, von einer Kulturrevolution ›top down‹ zu sprechen; reich subventionierte Forschungseinrichtungen sind auf die Seiten der einschlägigen Ministerien verlinkt, wobei die EU Fokus der Bestrebungen ist und Gender Mainstreaming zum zentralen Politikziele erhebt. Einer weitergehenden Legitimation scheint dies nicht zu bedürfen, da es – im Windschatten des alten Feminismus – eo ipso mit dem Wahren, Schönen und Guten gleichgesetzt wird. Besonders eklatant und teilweise erschreckend ist dabei, wie schon die frühkindliche Erziehung in Kindergärten durch die Gender-Ideologie infiltriert wird: Jungen sollen sich als Mädchen, Mädchen als Jungen erproben, um zu erfahren, dass das Geschlecht relativ und veränderbar ist. Ebenso nahezu selbstverständlich ist es, dass Gender eigentlich nicht mehr zur Diskussion gestellt wird. Es nimmt Züge einer Zivilreligion an.

Wenn man weiß, was vorgeht, so ist es erst recht erforderlich, die Grundlagen, oder besser, fehlenden Grundlagen, dieses Verfahrens auf den Prüfstand zu stellen und die inneren Widersprüche von ›Gender‹ freizulegen. Diese Argumente sind zunächst nicht an den christlichen Glauben gebunden.

---

1 Mehr als sonst in meinen Schriften üblich, verdankt sich dieser Aufsatz Anregungen durch eine andere Person, nämlich durch Schriften der bedeutenden katholischen Religionsphilosophin Hanna-Barbara Gerl-Falkovitz, insbesondere ihrer Monographie: Frau-Männin-Menschin. Zwischen Feminismus und Gender. Butzon & Bercker, Kevelaer 2009. Fast noch wesentlicher ist ein intensives Gespräch mit Frau Gerl-Falkovitz über diese Fragen, das zugleich einen dezidiert ökumenischen Zug hatte. Ich bin darüber hinaus überzeugt, dass Christen nur in einem großen ökumenischen Konsens der Gender-Ideologie Herr werden können.

2 Vgl. hierzu neben dem genannten Werk auch: B. Rosenkranz: MenschInnen. Gender Mainstreaming. Auf dem Weg zum geschlechtslosen Menschen. Ares Verlag, Graz 2008, welches vor allem die vielfachen Vernetzungen und die Durchschlagskraft der Gender-Ideologie offenlegt. Bei Rosenkranz findet sich auch weiterführende Literatur. Weiterhin nach wie vor das Pionierwerk: G. Kuby: Die Gender-Revolution. Relativismus in Aktion. fe-medienverlag, Kißlegg 2007.

2. Von Manfred Spreng wurde in diesem Band eindrucksvoll gezeigt, dass hirnphysiologische Befunde der Gender-Idee widersprechen. In Entsprechung dazu kann auch philosophisch und ideengeschichtlich deren Haltlosigkeit und Selbstwidersprüchlichkeit aufgezeigt werden. Dabei soll zunächst einzig argumentativ verfahren und das Zeugnis christlichen Glaubens nicht vorausgesetzt werden.

Dass der Zweifel gegenüber Leitideologien, die sich selbst mit einer Heilsbedeutung aufladen, auf die Wahrheit christlichen Glaubens führt, ist freilich nicht verwunderlich.

II. GENDER: Eine Irrlehre und ihre Widersprüche

1. Eines fällt sogleich auf, wenn man die neuen Gender-Theorien mit Einlassungen des klassischen Feminismus vergleicht. Es geht nicht mehr um die Gleichstellung von Mann und Frau, auch nicht darum, dass ›Rollen‹ und Berufe sich nun für beide Geschlechter öffnen sollten. Vielmehr zielt die Gender-Ideologie darauf, die Geschlechtlichkeit des Menschen gänzlich zur Disposition, gleichsam zur freien Verfügung, zu stellen. Und dabei ist es keineswegs nur um die sozialen Geschlechterrollen zu tun, vielmehr soll der Körper selbst zum Experimentierfeld werden. Die Leiblichkeit des Menschen ist ihm, im Sinne der Gender-Theoretiker, nicht gegeben, sie ist ein Spielfeld, auf dem sich immer neue ›Konstruktionen‹ und Mischformen ergeben. ›Trans-gender‹, also der Wechsel des Geschlechtes wird geradezu zum Programm. Zum Konzept eines ›konstruierten Körpers‹ ist dann etwa zu lesen: »Der Körper als kulturelles Artefakt verliert seine Starre wie Stabilität, die Idee eines sozialen Konstruktes wird wörtlich genommen und verwandelt sich in die Forderung, die eigene Existenz nicht mehr von der vorgefundenen Kontingenz des zugehörigen Körpers abhängig zu machen, sondern im selbstbewussten Entwurf neu zu gestalten und immer wieder neu zu inszenieren«.[3] Diese ›Inszenierungen‹ geben subventionierten Forschungs- und Kunstprogrammen Nahrung. Vom Cyberspace über Schönheitsoperationen bis Transvestitismus werden sie in nicht endender Ausführlichkeit inszeniert.

Umso mehr kommt es darauf an, das gedankliche Raster klar zu erkennen, das all dem zugrunde liegt. Zum Ersten werden alle Wesensfragen in einem Konstruktivismus eliminiert. Man fragt nicht mehr: »Was ist eine Frau?«, »Was ist ein Mann?«, sondern, gemäß dem Diktum von Simone de Beauvoir: »Wie konstruiere ich mich als Frau?« Nach außen hin wird dabei postmodern, libertär, durchlässig, im Sinne eines »schwachen Denkens«, das die alten theologischen und metaphysischen Grundfragen hinter sich gelassen habe, argumentiert. Dahinter verbirgt sich aber zum anderen eine erstaunliche Allmachtsphantasie: Der Mensch oder die ›Menschin‹ ist Schöpfer und Konstrukteur ihrer selbst. Gender, das kulturelle Geschlecht und seine Inszenierung, wobei zwischen sexuellem

3 H. Chr. Ludwig: Der Körper – eine Insel im Reich des Möglichen? Leiblichkeit in philosophischen Positionen des 20. Jahrhunderts. Unveröffentlichte Magisterarbeit an der TU Dresden. 2000, S. 26 f. Siehe auch: P. J. Sampson: Die Repräsentationen des Körpers. Kunstforum International. Ruppichteroth 1996, S. 94 ff.

und kulturell geprägtem Geschlecht, im Unterschied zu den älteren Ausprägungen der Gender-Idee gar nicht mehr unterschieden wird. Die neue Gender-Ideologie ist also ein besonders prägnantes Beispiel jener »Diktatur des Relativismus« (Benedikt XVI.), die nach außen hin davon ausgeht, dass »alles erlaubt« sei, die bei näherem Zusehen aber eine hochgradige, geradezu totale Intoleranz gegen objektive, nicht verhandelbare Wahrheit bekundet. Eben dadurch dient ›Gender‹ einem nicht, was die Ideologie aber für sich in Anspruch nimmt: der Kultivierung von Toleranz. Letztere aber setzt Überzeugungen und Wahrheiten voraus, die in der Gender-Lehre gerade in Zweifel gezogen werden. Eine Wissenschaft, die so arbeitet (und weite Teile von geistes- und sozialwissenschaftlichen Exzellenzclustern und Forschungsprojekten tun eben dies!), hat die Suche nach Wahrheit programmatisch aufgegeben. Judith Butler wurde zur Ikone dieses Konstruktivismus. In ihrer Folge wird formuliert: »Die postmodernen Denker möchten alle essentialistischen Auffassungen des Menschen oder der Natur zerstören [...]. Tatsächlich ist der Mensch ein gesellschaftliches, geschichtliches oder sprachliches Artefakt und kein noumenales oder transzendentales Wesen«.[4]

Die Vielheit und Nicht-Festgelegtheit führt in den USA und Australien zu grotesken sprachlichen Deformationen. Da eine Person im Sinn von Gender ›viele‹ ist, zumindest Mann und Frau, werden ›he‹ und ›she‹ gender-hyperkorrekt mit Pluralformen dekliniert: »This person carries their bag under their arm.«[5] Man beachte schon diesen Pluralis majestatis eigener Güte. Sprachlicher Konstruktivismus wird also nicht nur konstatiert, er wird auch als Hebel verwendet, um die neue Realität wirksamer herbeizumanipulieren, gemäß dem Diktum Wittgensteins, dass die Grenzen der Sprache auch die Grenzen einer Welt sind.

Auch Sexualität soll nicht mehr gegeben, sondern durch die Operationen von Gender disponierbar sein. Biologie ist nur kulturelle Vorgabe. Andere sprechen gar in einer, von Foucault entlehnten Terminologie von einer »Zwangsheterosexualität«, die nichts anderes sei als ein infam eingesetztes Machtinstrument. Im Rahmen der Computer-Simulationen von Leiblichkeit plädiert die Amerikanerin Donna Haraway dafür, gar nicht mehr von Körpern zu sprechen, sondern von »Cyborg« (Cyber Organismus). Dies bedeutet, dass »die Begriffe von Körper und Subjekt einer neuen Terminologie weichen, bei der man von ständigen Prozessen ausgeht, in denen Informationsströme und Codes sich kreuzen und immer neue vorübergehende Bedeutungen entstehen«.[6]Auffällig ist dabei, dass es letztlich pathologische Phantome sind, die hier den Leitfaden abgeben: Von Cyborg war zunächst im Zusammenhang von Organtransplantationen die Rede, wenn ein Organismus durch ein fremdes Organ am Leben erhalten wurde. Dann stellt sich die Frage, ob und

4 J. Flax: Thinking Fragments. Psychoanalysis, Feminism and Postmodernism in the Contemporary West. Berkeley 1990, S. 32 ff.

5 Zitiert nach Gerl-Falkovitz, a. a. O.., S. 175.

6 Dazu D. Harway: Woman, Simian and Cyborgs. The Reinvention of Nature. London 1991, dazu auch: Gerl-Falkovitz, Frau-Männin-Menschin, a. a. O., S. 160 ff.

inwieweit er noch mit sich selbst identisch ist. Die sprachliche Benennung ist wieder aufschlussreich: Wenn vom pathologischen, zumeist immenses psychisches und physisches Leiden mit sich bringenden Extremum her die anthropologische Norm gewonnen werden soll, so erscheint dies als methodisch höchst fragwürdig. Dieselbe Argumentation wiederholt sich, wenn die Geschlechtsumwandlung, Trans-gender, zu dem Schlüsselphänomen der selbstkonstruierten zweiten Natur wird. Das Leben von Menschen mit dem Syndrom einer Inkongruenz von Selbstempfindung und Leib ist von besonders tiefgreifendem Leiden durchzogen, die durch Geschlechtsumwandlungen nicht wirklich behoben werden können-, und gerade dies sollte ein Indiz dafür sein, dass ein Konstruktivismus der geschlechtlichen Natur des Menschen keineswegs ins Belieben gestellt ist.

Anstelle der Rede von ›Leib‹ oder ›Körper‹ tritt der Begriff von ‚semiotischen Materialitäten‹, die sich jederzeit verändern lassen. Eine besonders pervertierte Folge sind – per Video – dokumentierbare – ›künstlerische‹ Operationen, deren Material nicht mehr Holz oder Stein ist, sondern der menschliche Körper. Man wird nicht übersehen dürfen, dass dies in subtilem Zusammenhang mit dem Gender-Konstruktivismus steht, ebenso wie die Blüte der ›Queer‹-Studies‹, jener kulturalistischen Studienrichtung, die Sexus und Gender verabsolutieren und die gesamte abendländische Geistes-, Kunst- und Literaturgeschichte auf dieses Raster beziehen, ja weitgehend reduzieren. Verwandlungs- und Transformationsprozessen gilt dabei besondere Aufmerksamkeit. Und dies, weil jene Strömungen von dem hohen Kredit zehren, den ›Diversities‹, die Selbstartikulationen bestimmter Minderheitengruppierungen, zunächst ethnischer, dann sexueller Natur, in einer politisch konditionierten Wissenschaft genießen. Dies begann im Zuge der Political Correctness-Programme der USA. Die Konzepte sind längst in Europa angekommen. Selbst wenn solche Diversitäts-Pflege demokratische Toleranz und Akzeptanz fördern würde (doch dies ist hochgradig fragwürdig!), hat sie mit wissenschaftlicher Erkenntnis nichts zu tun.[7] In den einschlägigen Forschungsprojekten und Clustern ist die ideologische Zielrichtung von vornherein klar.

2. Innerhalb der Gender-Konzeption gibt es allerdings bemerkenswerte Unterschiede. Der Konstruktivismus und Relativismus der Judith Butler ist besonders prominent geworden. Man spricht von einem »Linguistizismus«: Die Konzeption ist ganz und gar auf sprachliche und zeichentheoretische Implikationen orientiert.[8] Er kennt nur die Gitter der Konstrukte. Eine Welt des Gegebenen und Wahren leuchtet dahinter nicht mehr auf. Auf den ersten Blick scheint der Gegenentwurf von Luce Irigaray demgegenüber die alte Einsicht in die Gegebenheit der Geschlechter festzuhalten. Irigaray betont immer wieder,

7 Aus der zahlreichen einschlägigen Literatur: B. Vinken: Stigmata. Poetik der Körperinschrift. München 2004; I. M. Young: On Female Body Experience. New York 2004; und G. L. Mosse: Das Bild des Mannes. Zur Konstruktion der modernen Männlichkeit. Frankfurt/Main 1997 u.ö.

8 Vgl. zu J. Butler: Das Unbehagen der Geschlechter. Frankfurt/Main 1991, ferner S. Benhabib; J. Butler u.a., Der Streit um die Differenz. Feminismus und Postmoderne in der Gegenwart. Frankfurt/Main 1993.

dass die Geschlechtsdifferenz darin einzigartig sei, dass sie nicht aufhebbar oder auszugleichen sei.

Das ›andere Geschlecht‹ bleibt insofern grundsätzlich unerkennbar und unergründbar; Sprache, Kultur, Symbolisation und leibliche Grundgegebenheit bestätigen einander gegenseitig in jener Differenz.[9]

Hoch problematisch ist auch dieser Ansatz, denn er konstruiert etwas wie eine ›Differenz‹ an sich und die Unzugänglichkeit der Welt des Mannes für jene der Frau und umgekehrt. Wenn es so wäre, könnte es ein Verstehen nicht geben. Allein schon im Blick auf die logische Struktur kann eine Verabsolutierung von Differenz nicht überzeugen. Denn Unterschiedenes kann es immer nur in Abhebung von Gleichem und Verbindendem geben. Dies ist der Sinn der alten ›analogia entis‹ und ›analogia proportionis‹. Auch empirisch wird man kaum sagen, dass die Welt des Mannes an den Grenzen der Welt der Frau endet. Sie können einander verstehen, pragmatisch und in der Tiefe der Liebe, bei aller Fragilität, denen dies ausgesetzt ist.

Näher betrachtet hat das postmoderne Spiel mit der verabsolutierten, hypostasierten ›Differenz‹ einen koketten Zug. Es ist akademische Mode, überzeugend vielleicht im Seminar, und bewusst abgedichtet gegen die Lebensrealitäten, Hervorbringung des / der / weißen Mittelklasse-Intellektuellen der achtziger und frühen neunziger Jahre. Doch diese partielle Weltsicht, die sich selbst nicht begründen kann und durch ihren Konstruktivismus sich der Begründungsnotwendigkeit entzieht, soll, mit universalem Geltungsanspruch, der Weltkultur überstülpt werden. Mit welchem Recht?

3. Selten – von der totalitären Ideologie des Kommunismus abgesehen – ist ein akademisches Konzept derart unmittelbar politisch wirksam geworden. Auch wenn man heute wissen kann, was als »top down-« Strategie geschieht, bleibt der Gender-Begriff schwer fasslich. In andere Sprachen als das Englische ist er kaum zu übersetzen. Die Schwammigkeit ist Programm, wie man an der Zieldefinition des Europarates aus dem Jahr 1998 sehen kann: »Gender-Mainstreaming besteht in der (Re-)Organisation, Verbesserung, Entwicklung und Evaluierung politischer Prozesse mit dem Ziel, eine geschlechterbezogene Sichtweise in alle politischen Konzepte auf allen Ebenen und in allen Phasen durch alle an politischen Entscheidungen beteiligten Akteure und Akteurinnen einzubeziehen«.[10] Der radikale Konstruktivismus der theoretischen Avantgarde wird hier nicht geteilt. Wohl aber wird ein gleichstellungspolitisches Universalinstrument (ohne Beachtung spezifischer Kulturdifferenzen) etabliert, das politisches Handeln durchziehen soll. Jene, die in anderen Zusammenhängen auf »weltanschauliche Neutralität« von Staat

9 L. Irigaray: Ethik der sexuellen Differenz. Frankfurt/Main 1991 und dies.: Passions élémentaires. Paris 1982.

10 Zitiert nach Gerl-Falkovitz, Frau – Männin – Menschin, a. a. O.., S. 190.

und Politik größten Wert legen, akzeptieren das neue ›zivilreligiöse‹ Interpretament unbesehen.

Sehr behutsam äußert sich dagegen mitunter ein ›gender scepticism‹, der fragt, ob die Aufteilung der Welt in männliche und weibliche Komponenten, dieser neue universale Dualismus, denn tragfähig ist. Gegen die Gender-Dominanz kommt der Skeptizismus aber nicht auf, zumal ihm »Machismo« oder zurückgebliebene Denkmuster unterstellt werden können.

Es ist augenfällig, dass konkrete Manifestationen des männlichen oder weiblichen Lebens und der tatsächlichen Ungleichheiten zwischen Mann und Frau in Alter, Kindererziehung, Arbeit, Ehe in der Gender-Diskussion selbst eine geringe Rolle spielen. Der abstrakte Alteritäts-Begriff überdeckt Lebensrealität.

Hanna-Barbara Gerl-Falkovitz hat in ihrer profunden Kritik an ›Gender‹ auf die folgenden weitergehenden Punkte verwiesen:

1. Angesichts demographischen Wandels und von Abtreibungszahlen, die gerade in Wohlstandsnationen weiter ansteigen, müssten Leiblichkeit, Generativität und damit – im Sinne des ›Prinzips Verantwortung‹ (Hans Jonas) – das Wohl und überhaupt die Existenz künftiger Generationen berücksichtigt werden. Gender sei
2. zudem, bei aller Begriffsakrobatik, eine viel zu schlichte anthropologische Kategorie; Klasse, Ethnie, Religionszugehörigkeit überlagern und formen ihrerseits die Art und Weise, wie eine Person Mann oder Frau sein kann. Und zudem ist sie als Mann und Frau Mensch; sich gegeben und aufgegeben. Auch diese ›Identität‹ über der Differenz wird verkannt. Man kann weitergehend fragen, ob das Verhältnis der Geschlechter als Differenz und Kampffront treffend beschrieben ist. Wohl kaum: Es ist eher eine Polarität, die auf ihr jeweils Anderes, Komplementäres, verwiesen ist.
3. Damit hängt eng zusammen, dass eine universale Verbündung (Schwesternschaft) von Frauen kaum als übergeordnete Identität wahrgenommen werden dürfte.[11]
4. Schließlich – und dies scheint von besonderer Bedeutung – hat Gender mit jenen Ideologien eines ›Neuen Menschen‹, wie sie aus den Schreckenskammern des 20. Jahrhunderts bekannt sind, gemeinsam, dass sie alle zum Letztgesichtspunkt werden und ethische Grundfragen und -orientierungen überlagern: Genderfreundlichkeit oder -feindlichkeit wird zum letzten Gesichtspunkt und nicht die Problematik guten und gerechten Lebens des Einzelnen und der Gesellschaft.

Man wird von hier her ein Resümee bereits ziehen können. »Gender« ist eben nicht eine wissenschaftliche ›Theorie‹ oder ›Hypothese‹. Denn dies setzt Falsifizierbarkeit voraus. Dies ist bei Gender aber nicht der Fall. Die Revision oder auch nur Differenzierung (im

11 Gerl-Falkovitz weist zu Recht darauf hin, dass Beschneidungen bei Mädchen zumeist von Frauen durchgeführt werden. Vgl. ihre Analysen in dem angegebenen Werk, S. 171 ff. Einige der dort genannten Punkte nehme ich auf und führe sie weiter.

skizzierten Sinn) ist gerade keine ernsthaft betriebene Option. Vielmehr wird Gender als Voraussetzung einer als förderungswürdig geltenden Forschung und der nachfolgenden Praxis behandelt. Wenn derart normativ verwandte Konzeptionen auf einem zweideutigen oder verfehlten Fundament stehen, so muss von »Ideologien« gesprochen werden.

III. Die unhintergehbare Differenz: Blicke in die Geschichte.

1. Dass die Geschlechtlichkeit des Menschen in dessen eigene Disposition gestellt sei, ist nie zuvor behauptet worden. Ungeheuerlich und zugleich ungeheuer absurd, spätmodern sind diese Auffassungen, dass andere Zeiten und Epochen wohl gar nicht darauf kommen konnten. Alt ist hingegen die mythische Auffassung von einer hermaphroditischen Grund- und Urnatur des Menschen. Sie wird im Platonischen ›Symposion‹ vielleicht am eindrücklichsten formuliert. Am Anfang sei der Mensch eine Kugel gewesen, Einheit des Männlichen und Weiblichen. Diese kreisförmige Vollkommenheit verführte ihn aber zur Hybris. Zeus trennte die beiden Hälften und heftete sie mit der Mitte, den Zeugungsorganen, nach außen aneinander. Das Unglück, die verlorene Hälfte zu suchen und nicht finden zu können, habe so sehr an den Menschen gezehrt, dass sie keine Freude mehr fanden und sterben mussten. Da erbarmten sich die Götter: Sie trennten den Menschen so, so dass er als Hälfte leben konnte, seinesgleichen suchte und sich – wiewohl nur für kurze Zeit – mit seinem Gegenstück in der erotischen Einheit verbinden konnte.[12] Jener Mythos, den Sokrates von Diotima, der Priesterin von Mantinea, gehört haben soll, verbindet die ferne mythische Vergangenheit des Hermaphroditischen mit dem Gottgleichseinwollen des Menschen (Hybris). Deshalb ist ihm diese Einheit nicht gegeben. Er verweist zugleich eindrucksvoll auf die gesuchte Komplementarität im anderen Geschlecht, auf die Vollkommenheits-Sehnsucht im Eros, die sich doch im endlichen Leben nie vollständig erfüllen wird.

Den Eros bestimmt Sokrates, in Abgrenzung von den anderen Reden im ›Symposion‹, nicht als Gottheit, sondern als Dämon. Er kann, recht verwendet, den Menschen über sich hinausführen. Er kann ihn aber auch in Fleischlichkeit und Endlichkeit versacken lassen.

Platon hat in seiner ›Politeia‹ (v.a. V. Buch) zugleich davor gewarnt, die Frau an das Haus zu binden und nicht an der Öffentlichkeit teilhaben zu lassen. Ihre Kräfte seien schwächer als die des Mannes. Doch die Polis bedürfe ihrer auch.

2. Unstrittig ist in jedem Fall, dass die Differenz zwischen Mann und Frau in früheren und erst recht in archaischen Epochen deutlich gesehen und aufrechterhalten wurde. Weibliche Gottheiten werden dabei in ihrer Nähe zu der All-Einheit der Erde, dem Mutterschoß dargestellt und gedeutet. Angeführt sei nur die gnostische neuplatonische Tradition, die die CHORA, die Urmaterie (›mater‹), nennt, die selbst keine Gestalt hat,

12 Platon: Symposion insbes. 198 a 1 ff.

aber alle Gestalten aufnehmen kann. In ihr bilden sich die Elemente und später dann das konkrete Seiende heraus. Später wurde die Materie aufgrund der erdhaften Formlosigkeit gar als das Böse Selbst, weil Grenzenlose, aufgefasst. Formgebung und Idee sind dagegen eher männliche Belange.[13] Die Bedrohlichkeit des Mutterschoßes und ihre hegende, schützende Kraft sind nicht voneinander zu trennen. In verschiedenen Kulturen gibt es die Gestalt der Großen bösen Frau, wie Kali in Indien, die, um Leben zu spenden, mit der Opferung von Leben befriedet werden muss. Die Vulva der Muttergöttin erscheint mit Zähnen versehen, und die Drachenkämpfe der Helden richten sich auch gegen jene Urmächte.[14] Doch der Mann wird ihrer nicht Herr werden können. Sie werden Rache an ihm nehmen, sofern er sich ihnen nicht verbündet.

An den erschreckenden Zügen solcher Szenarien kann man auch erkennen, wie bedrohlich die pagane und außerchristliche Welt immer wieder ist. Jene Züge des radikalen, vergenderten Feminismus, die heute theologisch mit der Wiederkehr der Göttinnen spielen, verkennen, dass es sich dabei – interkulturell – um dämonische und destruktive Mächte handelt, und das Spiel mit der Magie der weisen Frauen vergangener Zeiten zeigt nur, wie ahnungslos eine Spätzeit hinsichtlich der entfesselten Mächte geworden ist.

Laotse weiß ebenso wie die vorsokratischen Weisen, dass die Weltharmonie nur in der Verbindung des Männlichen und Weiblichen möglich ist: »Das Männliche liebt das Weibliche. Yin umarmt Yang, und zehntausend Dinge leben in Harmonie durch die Verbindung dieser Kräfte«.[15] Gleichwertig und gleichgewichtig sind sie also. Doch dabei sind sie alles andere als gleich. Die ›Aventiuren‹ der großen Epen der Antike und des Mittelalters zeugen davon: Nausikaa, Penelope, Ariadne, Isolde oder Kriemhild sind Frauengestalten, an denen der Held erst zu sich selbst findet. Sie sind Verführungen und zugleich das große Lebensrätsel. Die Frau ist Verheißung und Gefährdung des Mannes, er ihr Held, Schutz und Herr. Macht liegt in der Differenz der Geschlechter: Durch Heirat konnte eine Jungfrau im Mittelalter den Verbrecher vom Galgen weg begnadigen, worin die entsühnende metaphysische Kraft noch einmal eindrucksvoll sichtbar wird.

Und immer wieder ist davon die Rede, dass dem Mann der Tag gehört: Logos, Vernunft, politischer Rat, der Frau aber die Nacht. Man kann bei allen Differenzen in der kulturellen Gestaltung im Einzelnen hier von universellen Strukturen sprechen, etwa, wenn die Pythagoreische Schule den Gegensatz zwischen Mann und Frau wie von selbst in eine große Gegensatz-Lehre einbezieht: »Grenze und Unbegrenztes; Ungerades und Gerades; Einheit und Vielheit; Rechtes und Linkes; Männliches und Weibliches; Ruhendes und

13 Vgl. Platon: Timaios 47 d ff. und pass.

14 Dazu mit eindrucksvollem Bildmaterial E. Neumann: Die Große Mutter. Der Archetyp des großen Weiblichen. Zürich 1956.

15 Laotse: Jenseits des Nennbaren. Sinnsprüche nach dem Tao Te King. Freiburg/Br. 1984, S. 98. Vgl. auch H. Zimmer: Fahrten und Abenteuer der Seele. Düsseldorf 1980.

Bewegtes; Gerades und Krummes; Licht und Finsternis«.[16] In der Frau begegnet der Mann immer auch der Mutter. An ihr kann er das, was ihm von Geburt her unzugänglich ist, zu erkennen versuchen. In der Andersheit der Frau wird er auch sich selbst finden. Die tiefenpsychologische Differenz, die C. G. Jung mit der Typik von »Animus« und »Anima« sichtbar gemacht hat, spiegelt sich tatsächlich im mythologischen Material der Völker und Weltreligionen.

Verschiedene Weltreligionen kennen daher auch die Verehrung von Genitalien (yoni), Tempelprostitution und Fruchtbarkeitsriten, wohingegen der Mann für die Tradierung des Rechtes und der großen politischen Geschäfte einsteht. Schon ein nüchterner religions-wissenschaftlicher Blick, diesseits des christlichen Bekenntnisses, wird erkennen können, welche ungeheure Befreiung die personale Struktur christlichen Glaubens gegenüber diesen Gemengelagen mit sich bringt. Stattdessen aber verkennt der müde späte, letzte, Mensch, der – nach Nietzsche – nicht mehr in der Lage ist, einen Stern gebären zu können, dass zwischen Mann und Frau eine Trennung gesetzt ist, die sich nicht tänzelnd überschreiten lässt.

3. Das Verhältnis der Geschlechter und die ›querelle des femmes‹ durchzieht sodann die neuzeitliche Ideen- und Philosophiegeschichte von Jahrhunderten. Darin begegnen die großen Paare, wie Abaelard und Héloise, die sich in physischer und intellektueller Liebe begegnen, sich am Anderen finden, in gegenseitiger Achtung und Würdigkeit und unverkennbar Repräsentanten ihres Geschlechtes. Nicht nur Minne und Ehe können Mann und Frau verbinden, sondern auch das Verhältnis von Lehrer und Schülerin, das im Mittelalter nicht umkehrbar ist. Spätmittelalterliche und humanistische Denkerinnen und Dichterinnen haben die Eigenwürde der Frau ans Licht zu heben versucht: so Christine de Pizan, Dame am Hof Charles V., die in ihrem Selbstbewusstsein (»Je Christine«) der gelehrten Männerwelt gleichberechtigt gegenübertritt; zugleich aber weiß, dass der biologische Unterschied zwischen Mann und Frau unüberschreitbar ist. Die Frau hat eigene Qualitäten: Passivität, Sinnlichkeit, Empathie und dabei intellektuell alle Möglichkeiten menschlicher Bildung, denen sie ihre Färbung geben wird. Das 16. und 17. Jahrhundert bringen divergente Zeugnisse hervor. Die Inferioritätsthese, die die Frau als unvollständigen Mann charakterisierte, dominiert. Ein Traktat aus dem Jahr 1595 wirft die Frage auf: »Ob die Weiber Menschen seyn oder nicht?«, und der Abt Tondi setzt die Frau mit dem Übel gleich, - auch dies ein altes abgründig mythisches Motiv, das sich von der Weiblichkeit der Materie (CHORA) herleitet und im Mythos von der Büchse der Pandora eine Ausgestaltung fand.

Eigenständige und weitreichende Reflexion verdiente die Sicht auf das Verhältnis zwischen Mann und Frau in der Reformation. Hier kann nur auf einiges wenige hingewiesen werden. In der Deutung der Reformatoren vertieft sich die Ehe zum eigenen Stand. Sie ist ›weltlich Ding unter Gottes Ordnung‹. Ihre Hochachtung steht damit im

16 Zitiert nach Gerl-Falkovitz: Frau-Männin-Menschin, a. a. O.., S. 39.

Zusammenhang der Achtung, die alle weltlichen Verhältnisse, insbesondere auch die Arbeit als eigener Gottesdienst finden. Die Reformatoren haben dabei den Charakter der Ehe niemals verklärt und ihre Weltlichkeit bis in die Gefährdungen der Entzweiung hinein mit allem gebotenen Realismus gezeigt.

Doch findet man auch einfühlsame Schriften zur Erziehung der adeligen Frau, wie ›De institutione feminae Christianae‹ (1529) von Juan Luis Vives, das ebenfalls das geschlechtliche Proprium der Frau mit der Beschwörung ihrer Bildungsfähigkeit verbindet. Und es gab gar einige Humanistinnen, die ihrerseits die Inferiorität des Mannes behaupteten, gestützt auf das Argument, dass er sein Schöpfungstelos erst erfülle, da seine Rippe der Entstehung der Frau diene. Lucretia Marinella formulierte: »Aber wenn die Frauen, wie ich hoffe, aus ihrem langen Schlaf erwachen, in den sie hinabgedrückt sind, so werden diese undankbaren und hochmütigen Männer zahm und demütig.«[17] Dergleichen bleiben Arabesken; anders steht es schon mit dem etwa zeitgleich entstandenen schönen Dialog der Moderata Fonte ›Das Verdienst der Frauen‹, das prismatisch unterschiedliche weibliche Lebensformen vor Augen rückt: die des jungen Mädchens, die der Ehefrau, aber auch der Unverheirateten und der Witwe. Die Polarität der Geschlechter, die Spiegelung, die das Eigene im Gegenüber zum Mann erkennt, wird hier in einer literarisch sensiblen Weise zur Darstellung gebracht, die sich simpler feministischer Nutzung entzieht. Von ähnlichem Karat war auch Marie le Jars de Gournay (1565–1654), die Freundin und Herausgeberin des großen Moralisten Montaigne, die eine Schrift mit dem Titel ›Le grief de dames‹ (Die Klage der Frauen) vorlegte. Von Anfang an sucht sie die Inferioritätsauffassung oder gar die These einer ethischen Minderwertigkeit der Frau zu widerlegen. Diese Meinung stamme aus Vorurteilen, und große Männer wie Platon und Sokrates setzten sich dem ebenso entgegen, wie Gott selbst. Beide Geschlechter seien im Sinne der Heiligen Schrift und des Schöpfungsberichtes von gleicher Würde, dabei unterschieden sie sich aber. Und deshalb müssten der Frau eigene, ihr gemäße Bildungsmöglichkeiten, aber auch Möglichkeiten in Kirche und Staat eröffnet werden. Noch mehr: Wenn Männer Gott anthropomorph männlich missverstünden, setzten sie sich über Gott selbst, der die Gott-Ebenbildlichkeit in beide Geschlechter gleichermaßen gelegt hätte.

Man weiß, dass das Aufklärungszeitalter für die Bildung der Frau und ihre akademische Akkreditierung wirksam wurde. All dies sind Errungenschaften, die – teils, ohne dass man es seinerzeit oft wissen und wahrhaben wollte, ja in Verkennung ihrer Abhängigkeit von dem christlichen Kerygma – der Gottebenbildlichkeit zu Realisierung verhalfen, haben Europa tief geprägt. Niemand wird an ihnen rütteln wollen. Dass in den Revolutionen des späten 18. Jahrhunderts die allgemeinen Menschenrechte deklariert werden, schließt die Rechte der Frau ein.

In die Tiefe führen die Reflexionen der klassischen Philosophie und Dichtung. Der vorkritische Kant sprach von dem »reizenden Unterschied« zwischen Mann und Frau, er

17 Nach Gerl-Falkovitz, ebd., S. 112.

wies der Frau Schönheit, dem Mann aber »Erhabenheit« zu, eine Eigenschaft, die sich auch mit heroischen Eigenschaften und der Kraft zum Verzicht verbindet. Vieles daran mag zeitbedingt sein. Doch Kant, Junggeselle bis ans Ende seiner Tage, gibt schöne Exemplifizierungen der Gefahren und Deformationen, die eintreten, wenn das Proprium der Geschlechter überschritten wird: Dann werde sich die Frau »zur Pedantin« oder zur »Amazone« entwickeln, der Mann aber zum »Zieraffen«. »Allmählich, so wie die Ansprüche auf Reizungen nachlassen, könnte das Lesen der Bücher und die Erweiterung der Einsicht unvermerkt die erledigte Stelle der Grazien durch die Musen ersetzen, und der Ehemann sollte der erste Lehrmeister sein« (A 74).[18] In seiner ›Anthropologie‹ hat der spätere Kant indessen darauf hingewiesen, dass die Geschlechterdualität unhintergehbar sei. Und das bedeutet eben, dass wir keinen Begriff und keine Anschauung vom Menschen haben können, sondern nur von Mann und Frau. Diese Dualität ist gegeben, nicht auf den Begriff zu bringen. Sie bleibt ein Mysterium.

Goethe hat im Zusammenhang seiner Reflexionen über das weibliche Bildungsideal festgehalten: Es unterscheide sich von dem des Mannes, insofern nicht die Virtuosität des Könnens das erste Ziel ist, sondern die Schönheit des Geistes. Geistige Vertiefung »nach innen«, und irdisch geerdete Gegenbewegung »nach außen« zusammenzuführen, das sei das Ideal der Bildung der Frau. Vor allem aber sind die Geschlechter aufeinander verwiesen: »Die Liebe macht vieles Unmögliche möglich«.

Hegel, der zunächst Liebe – selbstverständlich die Liebe zwischen Mann und Frau alleine – in Übereinstimmung mit der Romantik als »Sich selbst finden im Anderen seiner selbst« bezeichnet hat, hat sich dann gerade nicht wie die Romantiker mit androgyn hermaphroditischen Experimenten beschäftigt. Er hat dergleichen, wie es in Schlegels Roman ›Lucinde‹ zutage trat und von Schleiermacher gerechtfertigt wurde, vielmehr scharf zurückgewiesen. Die Ehe ist für Hegel dann die Bindung dieses Grundverhältnisses. Darin ist die romantische Liebe im dreifachen Sinn ›aufgehoben‹: Sie ist nicht mehr diese romantische jähe affektive Affiziertheit (negare), sie ist aber zugleich bewahrt (conservare) und sie ist auf eine höhere Stufe gesetzt (elevare). »Die Ehe ist daher näher so zu bestimmen, dass sie die rechtlich sittliche Liebe ist, wodurch das Vergängliche, Launenhafte und bloß Subjektive derselben aus ihr verschwindet« (§ 161). In ihr bleiben Mann und Frau sie selbst, treten aber zugleich in eine freie Allgemeinheit, aus der allererst die Familie hervorgehen kann.

Über die tiefe, ja unter Umständen ›tragische‹ Asymmetrie zwischen Mann und Frau denkt Hegel gleichwohl nach. Sie ist Teil der menschlichen Endlichkeit. Die Frau, so pointiert es Hegel, ist die Einheit des Mannes, der Mann ist die Entzweiung der Frau. Sie sind in Komplementarität also unausweichlich aufeinander verwiesen, ohne dieses Grundverhältnis doch vollkommen realisieren zu können. Christlich wird man darin

18 Kant wird hier zitiert nach: Beobachtungen über das Gefühl des Schönen und Erhabenen. Königsberg 1766 und Riga 1771. Die Stellen in Klammern folgen dieser Ausgabe.

den gefallenen Menschen erkennen. Hegel spricht mithin vom ›Gesetz des Weibes‹, das in einer »Innerlichkeit« bestehe, wohingegen der Mann immer schon in die Objektivität ziele: »Jenes im Verhältnis nach außen das Mächtige und Betätigende, dieses das Passive und Subjektive. Der Mann hat daher sein wirkliches substantielles Leben im Staate, der Wissenschaft und dergleichen, und sonst im Kampfe und der Arbeit mit der Außenwelt und mit sich selbst, so dass er nur aus seiner Entzweiung die selbständige Einheit mit sich erkämpft, deren ruhige Anschauung und die empfindende subjektive Sittlichkeit er in der Familie hat, in welcher die Frau ihre substantielle Bestimmung und in dieser *Pietät* ihre sittliche Gesinnung hat« (§ 166).[19] In ähnlicher Weise kann man dies auch in Schillers ›Lied von der Glocke‹ lesen, was die Romantiker und Romantikerinnen bekanntlich dazu brachte, jene Dichtung nur zu verlachen. Sie schien ihnen alt-bürgerlich, angestaubt, gegen die neuen Ideen des Geschlechter-Synkretismus. Damit gingen sie schon im Kern genauso vor, wie die heutigen postmodernen Gender-Theoretiker, die jenes Ethos der Sittlichkeit als ein ›Konstrukt‹ neben anderen verstehen, die Wesensfrage nach ihrem Sinn oder auch ihrer empirischen Realität aber überhaupt nicht mehr zulassen.

Für die künftige Auseinandersetzung mit den Gender-Theorien wird es von entscheidender Bedeutung sein, dass es gelingt, die Wesensfrage wieder zuzulassen. Hedwig Conrad-Martius, eine enge Freundin von Edith Stein, hat darauf hingewiesen, dass das Grundverhältnis des Männlichen und Weiblichen »Thema für eine große phänomenologische Wesensuntersuchung« bleibe.[20]

Hegel untersuchte allerdings nicht nur das geschlechtliche Verhältnis des Mannes zur Frau, sondern auch des Bruders zur Schwester, wie es etwa im Konflikt der ›Antigone‹ begegnet. Dies ist das denkbar freieste Geschlechterverhältnis, in dem sich beide wechselseitig heben und fördern können.

Unverkennbar zeigt sich gegen Ende des 19. Jahrhunderts, in der Zeit, in der zugleich die Frauenbewegung wesentliche Durchbrüche erlebte, eine Explosion der Spannungen. Dies reicht von der Misogynie Nietzsches, der die Frau als Sklaven und Tyrann dachte, die Hinterlist des Weibes auslotete und verwarf bis zu den wahnwitzigen Evokationen von Weiningers ›Geschlecht und Charakter‹. Weiniger unterschied die maskuline von der femininen Frau. Nur die Erstere sei dem Mann erträglich; hier werden bereits die Linien zwischen den Geschlechtern verwischt. Die Komplementarität und die Möglichkeit einer wechselseitigen Annahme in Andersheit und Liebe kommt nicht mehr zur Sprache.

---

19 Man vergleiche Hegel: Grundlinien der Philosophie des Rechtes, Hegel Theorie-Werkausgabe Band 7. Frankfurt/Main 1979.

20 Zitiert nach Gerl-Falkovitz, a. a. O.., S. 148; vgl. auch U. Gahlings: Phänomenologie der weiblichen Leibeserfahrungen. Freiburg/München 2006, ferner E. Stein: Keine Frau ist ja nur Frau. Texte zur Frauenfrage, hgg. und eingeleitet von H.-B. Gerl-Falkovitz. Freiburg/Br. 1989.

Der Feminismus erwarb der Frau auf vielfach dargestellten Wegen Zugang zu höherer Bildung und zur bürgerlichen Partizipation. Damit traten die allgemeinen Maximen der Französischen Revolution in eine auch positiv rechtliche Konkretisierung ein. Man wird weder das eine noch das andere, weder die allgemeine, Frauen ebenso wie Männer einschließende, Erklärung von Menschenrechten, die auf Menschenwürde begründet sind, noch jene in mühevollen und schwierigen Prozessen erworbene Rechtsgleichheit, der eine noch schwierigere Realisierung der faktischen Gleichheit entspricht, zurücknehmen oder relativieren wollen. Der Frauenbewegung haftet aber von vorneherein der Mangel an, dass sie, ähnlich wie der Klassenkampf, nicht in einer Gemeinsamkeit und nicht einmal in einem Wettstreit, sondern in einem Kampf artikuliert worden ist. Dies konnte damals wohl nicht anders sein. Damit positionierten sich Frauen aber nicht nur gegen Männer, sondern auch gegen das eigene, weibliche, Proprium. Sie verdrängten ihre eigene Weiblichkeit.

Man spricht von dem dominierenden Egalitätsfeminismus. Er trat in der zweiten Hälfte des 20. Jahrhunderts deutlicher zutage, als es eben nicht mehr primär um jene politischen Forderungen, sondern um eine Theoretisierung zu tun war, in der die Leitgedanken der abendländischen Anthropologie selbst als männliche Projektionen erschienen. Und er ist eine Quelle der neuen ›Gender‹-Ideologie.

In diesem Zusammenhang artikulierte sich aber auch ein Differenzfeminismus, wie er nicht nur von Irigaray vertreten wird, sondern auch in der Praktischen Philosophie Blüten treibt, die letztlich ein apriorisch sittliches Moral- und Rechtsverständnis untergraben müssten. Carol Gilligan etwa verweist darauf, dass männliche Ethik eine Gerechtigkeitsethik, weibliche Ethik dagegen eine Fürsorgeethik sei.[21] ›Beneficence‹ steht gegen ›justice‹, und es ist nahezu unmöglich, einen gemeinsamen Nenner für beide Tendenzen zu finden. Dass die Begrenzungen des männlichen und weiblichen Gesichtspunkts überwunden werden könnten, wird dabei nicht thematisiert.[22]

Die Frau spricht »in einer anderen Stimme« als der Mann. Andrea Dworkin meint gar, dass die habeas corpus-Akte für Frauen eine andere und eigene sein müsste und in der für Männer gültigen Bestimmung nicht aufgehe, weil der Leib der Frau anders verfasst sei. Wenn die Frau darauf nicht bestehe, so kollaboriere sie mit dem männlichen ›Feind‹.[23] Hier werden offensichtlich empirische Unterschiede wahl- und ausnahmslos mit apriorischen Elementen vermischt. Aufschlussreich ist auch, dass das Geschlechterverhältnis letztlich als Feindschaft erscheint, ganz in der Folge von Carl Schmitts ›äußerster Differenz‹ der Freund-Feind-Dissoziation, die im republikanischen Diskurs ansonsten verpönt ist.

---

21 Vgl. C. Gilligan: In a Different Voice. 1982

22 Vgl. die Zeitschrift ›Ethik und Sozialwissenschaften‹ Nr. 3, 1992, die jene Debatten dokumentiert.

23 A. Dworkin: Geschlechtsverkehr. Hamburg 1993 (Erstmaliges Erscheinen 1987).

IV. Was den Menschen zum Menschen macht: Der personale Grund und seine Verletzung

Was in der vereinseitigten Gender-Ideologie von Grund auf verfehlt wird, was jede tiefer blickende Anthropologie und Philosophie aber weiß, ist dies: Menschliche Natur ist eine Gegebenheit, die nicht zu beliebiger Manipulation anheimgestellt ist. Unsere leibseelische Natur, einschließlich des Geschlechtes, ist uns gegeben und zugleich ist sie uns aufgegeben. Wir können uns zu unserer Natur verhalten.[24] Aristoteles spricht deshalb von dem Verhältnis der ›ersten‹ zur ›zweiten‹ Natur des Menschen. Ähnliches meinte Kant mit der Bestimmung des Menschen als ›homo phainomenon‹, als raumzeitliches Wesen, der qua seiner Menschheit (Idee des Menschseins) in der eigenen und jeder anderen Person dazu verpflichtet ist, ›homo noumenon‹, Wesen in der sittlichen Welt zu werden. Und Heidegger sprach in einer genial verdichteten Wendung vom menschlichen Dasein als ›geworfenem Entwurf‹.

Von dieser zu verantwortenden Freiheit ist bezeichnender- und paradoxerweise in der ›Gender‹-Ideologie nicht die Rede. Sie verbindet stattdessen den Anspruch an Selbsterfindung: der Mensch als Schöpfer seiner selbst, mit der Fixierung auf die Geschlechterdifferenz.

Damit hängt zusammen, dass die Geschlechtszugehörigkeit den Menschen mitbestimmt, aber niemals determiniert und necessitiert. Wie sich das Sein als Mann bzw. als Frau *und* damit das Menschsein individuell zeigt, auch daran geht die Gender-Konzeption vorbei. Sie verfehlt damit, was schon nach Aristoteles grundlegend für jede wahrheitsfähige Erkenntnis ist, nämlich: 1. die letzten und ersten Gründe und Ursachen des Seienden, also den Allgemeinbegriff, zu ermitteln und 2. den Individualfall. Sie hält sich vielmehr in der konstruktivistischen Sichtweise, nach der sie die Welt beschreibt.

Person-Sein, also die Verkörperung des Intellektes in einem – auch geschlechtsspezifischen – Leib, verweist auf andere Dimensionen. Eine Person ruht in sich. Selbstbesitz ist ihr eigen, woraus auch die normative Begründung der Unverletzlichkeit dieses Selbstbesitzes hervorgeht. Zugleich aber kann sich das Selbst übersteigen, auf den anderen hin und auf den göttlichen Grund. Die Subjektivität des ›Ich bin ich‹ markiert deshalb nur einen defizienten Modus des Menschseins. Romano Guardini, einer der großen katholischen Philosophen der Moderne, hat zu Recht dieses Sich-selbst-Übersteigen in der Liebe gesehen: »Wer liebt, geht immerfort in die Freiheit hinüber; in die Freiheit von seiner eigentlichen Fessel, nämlich von sich selbst […]. Jeder, der um die Liebe weiß, weiß

24 Vgl. dazu u.a. R. Spaemann: Glück und Wohlwollen. Versuch über Ethik. Stuttgart 1989. Siehe auch die sehr differenzierten Bemerkungen ders.: Personen. Versuche über den Unterschied zwischen ›etwas‹ und ›jemand‹. Stuttgart 1996.

um dieses Gesetz: dass erst im Weggehen von sich selbst die Offenheit entsteht, worin das Eigene wirklich […] wird.«[25]

Diese Transzendenz eignet auch dem Verhältnis des Menschen auf das andere Geschlecht hin: Sie sind füreinander und erst zusammen sind sie auch Ebenbild Gottes. Hanna Gerl Falkovitz weist zu Recht darauf hin, dass dort, wo der Mensch sich, seit der Renaissance immer wieder, als ›Alter Deus‹, andere Gottheit, feiert, er außer Acht verliert, dass ihm die Gefährtin beigegeben ist, durch die er erst zur ganzen Menschheit gelangen kann. Die notwendige Transparenz auf das andere Geschlecht verweist eben zugleich darauf, dass der Mensch gerade nicht Gott ist, »mit menschlichem Fleisch bekleidet« (so definierte ihn Pico della Mirandola), sondern ein vernunftbegabtes, zugleich intelligibles Wesen, christlich gesprochen: Gottes Bild, mit dem der Mensch gewordene Gott in Christus eins geworden ist. So ist der Mensch zur Hoffnung erlöst, und er lebt auf das Gericht hin. Einseitige Emanzipationen verkennen diese Bedingtheit des Menschseins. Sie verführen zu Omnipotenzphantasien, die übersehen, wie stark wir unter den Konditionen der Endlichkeit von der Geburt bis zum Tode, in Freude, Trauer und Schmerz des Anderen bedürfen: der seelischen und physischen Ergänzung. Sie verführen aber zugleich zum Egalitätswahn, so als sei Gleichheit, überdies auf der Magma des Egalitarismus, schon Gerechtigkeit. C. S. Lewis hat notiert: »Weder Begehren noch Genuss kennen Gleichheit.«[26] Anders gewendet, bedeutet dies, Gleichheit könne nur in der Unverbindlichkeit existieren.

Dabei wird man auch philosophisch das Problem eines spezifisch weiblichen oder männlichen Denkens aufwerfen müssen. Es wäre zu einfach, ja verfehlt, darin im einen wie im anderen Fall eine naturalistische Schlacke sehen zu wollen, die bei einem Beitrag zur ›Philosophia perennis‹ keine Rolle mehr zu spielen hätte und abzulegen wäre.

Vielmehr soll nach der Signatur des Weiblichen gefragt werden. Die Gender-Theorie knüpft dabei an den berühmten Ausspruch der Simone de Beauvoir an, als Frau werde man nicht geboren, zur Frau werde man gemacht. Gender beschreibt demgemäß immer ein Konstrukt. Und »Gender Mainstreaming« ist eine Bewegung, die den Menschen in einer geschlechtlichen Nicht-Festgelegtheit feiert: im Grunde aber einen neuen Menschen kreieren möchte.[27]

Wie demgegenüber personhaftes Selbstsein und Hingabe einander ergänzen, sei in einem knappen Exkurs verdeutlicht:

---

25 R. Guardini: Welt und Person. Versuche zur christlichen Lehre vom Menschen. Würzburg 1939, S. 99. Dies berührt sich mit der von Buber und Lévinas gleichermaßen geteilten Auffassung, wonach erst am Du das Ich zu sich selbst komme. Dazu auch F. Ulrich: Der Nächste und Fernste – oder: Er in Dir und Mir. Zur Philosophie der Intersubjektivität, in: Theologie und Philosophie 3 (1983), S. 317 ff.

26 C. S. Lewis: Die böse Macht. Köln 1954, S. 121 f. Die folgenden Bemerkungen folgen in der Sache dem dritten Kapitel meines Buches: Heitere Nacht. Edith Stein: Praecepta Europae. Hamburg 2011.

27 Zu den Auswüchsen und dem öffentlichen Popanz: B. Rosenkranz: MenschInnen, a. a. O..

V. Exkurs: Christliche Philosophinnen und das Denken der Geschlechtsdifferenz

1. Nicht zuletzt aus Texten und Selbstzeugnissen bedeutender Philosophinnen lässt sich ein eigener Gegenhalt gegen die Sogkraft von Gender erkennen, die in die geschichtlich und sozial konstituierte, nicht einfach ›konstruierte‹, Weiblichkeit und die Selbstwahrnehmung der Frau gleichermaßen schöpft. Diese Selbstwahrnehmung ist dem äußerlichen Blick, aber auch beliebiger Selbstverfügung ebenso unzugänglich wie das Selbstsein als Mann, als junger Mensch, Adoleszenter, Alternder: Sie ist das Fleisch, das wir nicht wie ein erstes Objekt haben, sondern das wir, wie die neuere Phänomenologie eindrücklich lehrt, leiblich sind.[28] Diese Präsenz, als nicht überschreitbarer Blickpunkt individueller, endlicher Denkbewegung muss jeder Konstruktivismus übersehen.[29]

Christliche Denkerinnen wie Edith Stein oder Simone Weil waren sich dessen sehr bewusst, obgleich sie sich keineswegs auf eine weibliche Thematik hätten eingrenzen lassen.

Damit bildete sich darin ein tieferer Begriff aus, der in heutigen Debatten – zu ihrem Schaden – vergessen ist.

Der Abiturientin Edith Stein schrieben die Mitschüler den Vers ins Stammbuch:

> »*Gleichheit der Frau und dem Manne*
> *So rufet die Suffragette,*
> *Sicherlich sehen dereinst*
> *Im Ministerium wir sie.*«

Sie muss also für die allgemeine Wahrnehmung unverkennbar als Frauenrechtlerin gedacht und sich artikuliert haben. Später hat Edith Stein selbst ausdrücklich über den hier in Rede stehenden Zusammenhang bemerkt: »Als Gymnasiastin und junge Studentin bin ich radikale Frauenrechtlerin gewesen. Dann verlor ich das Interesse an der ganzen Frage. Jetzt suche ich, weil ich muss, nach rein sachlichen Lösungen«.[30]

Die junge Edith Stein löste sich nach und nach von jener Fixierung auf die Frauenfrage. »Heiß bewegten uns alle damals die Frauenfragen«,[31] hat Edith Stein sich an die Bres-

---

28 Dazu: M. Henry: Inkarnation. Eine Philosophie des Fleisches. Freiburg, München 2004.

29 Diese Präsenz hält sich aber immer in der Spannung zwischen Offenbarkeit und Entzogenheit. Vgl. dagegen den eher auf lineare Nutzbarkeit und einfache Verbildlichung ausgerichteten Begriff bei H. U. Gumbrecht: Diesseits der Hermeneutik. Die Produktion von Präsenz. Frankfurt/Main 2001.

30 Zitiert nach Gerl-Falkovitz: Edith Stein. Philosophie-Mystik-Leben. Mainz 1991, S. 77. Vgl. auch ›Eucharistische Erziehung‹ (1930), in: ESGA (Edith Stein-Gesamtausgabe) Band 16, S. 63 ff. und: Der Aufbau der menschlichen Person, ESGA Band 14, S. 159 ff. (›Überleitung von der philosophischen zur theologischen Betrachtung des Menschen‹).

31 E. Stein: Aus dem Leben einer jüdischen Familie. ESGA Band 1. Freiburg/Br. 22007, S. 88. Siehe auch Gerl-Falkovitz, Edith Stein, a. a. O.., S. 45 ff.

lauer Studienzeit erinnert. Und sie hat in ihrem Aufsatz ›Probleme der Frauenbildung‹ argumentiert, auf rechtliche und politische prinzipielle Gleichstellung, die mit der Weimarer Verfassung des Jahres 1919 gegeben sei, müssten nun »politische und soziale Schulung« folgen, um Frauen zu verschiedenen Posten im Staatsdienst, in denen sie etwas leisten könnten, zu qualifizieren. Dies entsprach durchaus politischer Vernunft. Als junge Husserl-Schülerin notierte sie in Göttingen: »Wissenschaft ist das Gebiet strengster Sachlichkeit. Die weibliche Eigenart wird also nur da fruchtbar zur Geltung kommen, wo die Sache, die es zu erforschen gilt, persönliches Leben ist«.[32] Mädchen und Frauen werden sich also unmittelbar Geschichte, Literatur, nicht aber Mathematik oder Naturwissenschaften, aber auch nicht reine Philosophie ohne Weiteres erschließen. Zugleich registriert sie scharf die »unfraulichen« Züge an sich selbst. Sie meinte damit eben jene äußerste Sachlichkeit, Nüchternheit, Zielgerichtetheit, die als ihre besonderen Eigenschaften immer wieder festgehalten worden sind.

Stein sieht sehr wohl das typologische Proprium des Männlichen und Weiblichen. Doch davon ausgehend eröffnet sich die verbindliche gemeinsame Zielbestimmung des Menschseins, die sie in der ›homoiosis theou‹, der Anähnlichung an Gott erkennt. Diese vollziehe sich aber in je spezifischer Weise männlich und weiblich. Zugleich wird die männlich-weibliche Trennung ihrerseits wieder Typen von Frauen und – bei ihr weniger explizit untersucht – auch von Männern hervorbringen.

Dabei kann heute gewiss nicht mehr unmittelbar an die materialen Momente der Typisierung angeschlossen werden, für die Steins Lehrer William Stern wichtig war. Als *Verfahren* aber dürfte die Bildung von Typologien auch heute nicht uninteressant sein. Ist doch der Typus, wie Schleiermacher es nennt, »individuelles Allgemeines«. Individualität und Allgemeinheit werden im Typus verbunden, in einer Begrifflichkeit, die eine Skalierung des Mehr- oder Weniger zulässt.[33] In diesem Sinne hat Stein in ihren pädagogischen Schriften aus der Erfahrung der Lehrerin, und als geschulte Phänomenologin mehrere ›Mädchentypen’ voneinander unterschieden, namentlich den wissenschaftlich reflexiven und den praktischen Typus. Und sie hat im Einzelnen zu zeigen versucht, worin die Stärken des jeweiligen Typus liegen und worin seine Schwächen, wie jeder von ihnen zu fördern sei und wie eine sinn- und sachgemäße Förderung verfehlt werden kann.

Von hier her hält Edith Stein fest, dass die spezifische Ausprägung und Naturausstattung der Ergänzung durch jene Züge bedürfe, die ihr von sich aus abgehen. Steins Anthropologie der Geschlechter ist also konsequent komplementär angelegt, wobei sich

32 E. Stein: Die Frau. Ihre Aufgabe nach Natur und Gnade. Edith Steins Werke Band V. Freiburg/Leuven 1959, S. 216. Dieser zusammenhängende Text ist in ESGA Band 13 nicht enthalten. Vgl. aber ESGA Band 16. Freiburg 2001, S. 1 ff. ›Wahrheit und Klarheit im Unterricht und in der Erziehung‹.

33 Grundlegend dafür die Skalierungen, die Platon in seinem Spätdialog ›Philebos‹ zwischen ›Lust‹ und Vernunft einträgt. Vgl. Philebos 60d 4 ff.

die Komplementarität ihrerseits wiederum zweifach darstellt: Einerseits bedürfen Frau und Mann einer Selbstbildung, die ihre jeweilige Anlage auf das Fehlende, Andere hin erweitert. Wenn die Frau negativ zu der Einnahme allzu persönlicher Gesichtspunkte neigt, bedarf sie gerade einer Prägung zur Sachlichkeit; insofern aber der Mann zu Zweckrationalität, amusisch technischem Weltzugang und gar zu tyrannischer Einrichtung seiner Welt tendiert, ist für ihn die Kultivierung der personalen, sozialen Momente entscheidend. Umgekehrt sollten Frau und Mann aneinander positiv ihre Entsprechung und ihr Gegenbild finden. Es ergibt sich das Bild der Frau, die dem Mann die Sphäre der Liebe und Behaglichkeit bietet, des Mannes, welcher der Frau liebevolle Leitung und Schutz gibt.

In ihrer Andersheit erst sind sich im Sinne von Edith Stein Mann und Frau ebenbürtig. Indem sie den jeweils anderen in seinen Defiziten erkennen, sich in ihn einfühlen, dienen und fördern sie einander: worin dann der Gedanke liegt, dass sich Adel nicht zuletzt im Dienen erweist.[34]

Ohne Stereotypen und Zeitverhaftungen geht es bei Edith Stein in diesen Zusammenhängen nicht ab. Dies hat mit der alten kantischen Problemstellung zu tun, dass das Geschlechterverhältnis eben nicht ohne Weiteres der philosophischen Begriffsklärung zugänglich ist. Doch man sollte sich hüten, wie es in einer destruierenden, ›ideologiekritischen‹ Betrachtungsweise üblich geworden ist, das tiefere Wissen, das auch aus Konventionen abgelesen werden kann, eo ipso zu verdächtigen.

Damit übrigens ist ein weitreichendes Problem von Gedächtnis und Erinnerung aufgegeben: Walter Benjamin warnte im Blick auf den ›Angelus Novus‹ von Paul Klee vor einem Fortschrittsgedanken, der, des Eingedenkens entbehrend, immer weiter treibt und die Vergangenheit wie einen Knochenhaufen hinter sich türmt. Der Fortschritt reißt ihn immer weiter.[35] Deshalb ist Eingedenken an die vergangenen Rollen und Bestimmungen von Mann und Frau und die Frage, was sie uns in aller Abständigkeit noch zu sagen haben könnten, eine geistige Haltung von eigener Würde und Bedeutung.

Edith Stein kann unsere Sensibilität für eine grundlegende Wahrheit in diesem Sinne auch heute schärfen. Denn sie zeigt: Die Frage nach dem Selbstverständnis und Wesen der Frau ist nicht im Bild einer linearen Fortschrittsgeschichte zu schreiben. Bei aller Notwendigkeit von emanzipatorischen Akten kann Emanzipation nicht das letzte und eigentlich treffende Wort sein. Man mag sich an Friedrich Nietzsche erinnern, der als

34 Bernhard Bueb, einstiger Leiter des Eliteinstituts Schloss Salem, hat auf die Bedeutung des Führungsbegriffs hingewiesen, der aber in der Pädagogik nur noch hingenommen wird, wenn er angelsächsisch als ›Leadership‹ deklariert wird.

35 W. Benjamin: Gesammelte Schriften, hgg. von R. Tiedemann; H. Schweppenhäuser. Band I. Frankfurt/Main 1974, S. 697 f.

eine höhere Form von Kultur, die Emanzipation von der Emanzipation einklagte.[36] Sind doch die ›Libres penseurs‹ und sich Emanzipierenden, was auch für die Exponentinnen des Feminismus gilt, unfroh wie Hunde an der Kette. Edith Stein behandelt daher die »Frauenfrage« nicht um ihrer selbst willen. Es ist vielmehr gerade eine Frage, die sich überflüssig machen soll. Und bemerkenswert ist auch, dass Stein meinte, echte Katholizität könnte auch auf diesem Feld sehr viel mehr ermöglichen, als man im Allgemeinen meine, womit ein Anspruch ausgesprochen ist, der noch kaum eingelöst sein dürfte.

Sie versucht die Frauenfrage je länger je mehr zu durchdenken, so wie sie das Verhältnis zwischen Altem und neuem Bund und damit die Wurzel ihrer eigenen Identität sich denkend anverwandelt. Als ›Vorkämpferin‹ betätigt sie sich immer weniger. Dabei wendet sie sich gegen das alt-bürgerliche Missverständnis von der Frau als Zierde im Haus. Sie sieht aber zugleich, dass die Triebfedern einer fortschrittsorientierten Frauenbewegung schon ihrer Zeit schal geworden sind, was für den Liberalismus ebenso wie für die idealistische Bildungs- und Aufstiegseuphorie gilt. Nicht zuletzt setzt sie sich mit den Aporien der Frauenbewegung auseinander und diskutiert dabei insbesondere die Entfremdung der Frau im Arbeitsprozess. Die Folgen, die eine Zerstörung oder doch Unterminierung der bürgerlichen Familie mit sich bringt, sind zumindest in ihrem Blick.

Edith Stein war sich methodisch bewusst, dass man die Wesensfrage aufwerfen muss, um aus der leib-seelischen Verfasstheit auf den inneren Menschen und seine Gestalt zurückzuschließen. Diese tiefere Anthropologie steht für Edith Stein in der spezifischen Befassung mit männlichen oder weiblichen Wesenszügen immer im Hintergrund. Doch eben damit wird der transzendierende Schritt von der philosophischen zur theologischen Anthropologie unabweisbar. Stößt man doch im Letzten auf das innere Geheimnis des Menschen.

Edith Stein muss deshalb bei ihrem Versuch, die Frauenfrage zu durchdenken, auf eine christliche Deutung des Geschlechterverhältnisses kommen. Die – aus Freiheit – dienende Liebe, als eine innere Bestimmung der Frau ist für Edith Stein Abbild, ›vestigium trinitatis‹ des göttlichen Geistes. Ist es doch der Geist Gottes, der den Geschöpfen tröstend zur Hilfe kommt. »So könnten wir im Geiste Gottes, der ausgegossen ist über alle Kreatur, das Urbild weiblichen Seins sehen. Es findet sein vollkommenstes Abbild in der reinsten Jungfrau, […] und ihr zunächst stehen die gottgeweihten Jungfrauen. […] Ihr Abbild sind aber auch die Frauen, die an der Seite des Mannes stehen, der Christi Abbild ist, und durch leiblich-geistige Mutterschaft seinen Leib, die Kirche, aufbauen helfen«.[37]

Wenn man bedenkt, dass Edith Stein in ihrer eigenen Lebenszeit unter den Umständen fehlender rechtlicher emanzipatorischer Standards, wie sie in heutigen modernen

36 Vgl. Nietzsche: Menschliches, Allzumenschliches, Kritische Studien-Ausgabe Band 2. München 1980, passim.

37 E. Stein, Die Frau, ESGA Band 13, S. 178 f.

Verfassungsstaaten der westlichen Welt weitgehend selbstverständlich sind, zu leiden hatte, wobei die traumatische Verweigerung der Habilitation besonders schwer wiegt, so sind die Differenzierungen und Proportionen, in denen sie die Emanzipationsfrage sah, umso bemerkenswerter. Der Mainstream der Frauenbewegung, der bis zur heutigen Gender-Ideologie hin, die Frauenfrage isoliert, verabsolutiert und zum Universalschlüssel der Zukunft macht, hat Edith Stein niemals in der ihr zukommenden Bedeutung gewürdigt. Es könnte sein, dass man ihr nicht verzeihen mag, dass sie immer darauf insistierte, niemals nur Frau zu sein. Dass Edith Stein in der sichtbaren Kirche in der eigenen Zeit eine besondere Bedeutung der Frau konstatiert, dass sie die Erwägung anstellt, ob eines Tages das Priestertum der Frau möglich wäre und hinzufügt: »*Dogmatisch* scheint mir nichts im Wege zu stehen, was es der Kirche verbieten könnte, eine solche bislang unerhörte Neuerung durchzuführen«,[38] ist Teil ihrer Selbstverständigung. Sie lässt dem aber sogleich eine Gegenstimme erwidern und spricht von dem inneren Gegenhalt, dem Geheimnisvollen, dass Christus nur Männer in das Amtscharisma einsetzte. Dies lässt sie mit einer definitiven Antwort zögern. Der innere Widerstreit eines Menschen mit sich selbst ist nach einem Wort von Joseph Beuys vielleicht die Grundlage eines wirklichen, dauerhaften Friedens. In jedem Fall ist er ein Mittel, um Ideologien zurückzuweisen.

2. An dem Punkt, an dem ihr ihre eigenen Positionen fraglich werden, gräbt Edith Stein tiefer. Dass beide Geschlechter Annäherungen an das Urbild Christi sind, bedeutet, dass sie von endlichen Begrenzungen frei werden und sich um das in der gefallenen Natur Fehlende ergänzen. »Darum sehen wir bei heiligen Männern weibliche Zartheit und Güte und wahrhaft mütterliche Fürsorge für die Seelen, die ihnen anvertraut sind, bei heiligen Frauen männliche Kühnheit, Fertigkeit und Entschlossenheit«.[39] Was die Berufung zur Nachfolge Christi angeht, kann es keine Unter- oder Überordnungen geben. In Glaube, Hoffnung, Liebe und in der Selbstbetrachtung des eigenen Lebens, in der sakramentalen Sphäre »gibt es keinen Unterschied des Geschlechtes. Von hier aus kommt das Heil für beide Geschlechter und für ihr Verhältnis zueinander.«[40]

In diesem Sinn hat Edith Stein die Stelle im Schöpfungsbericht, in der die Frau als Hilfe des Mannes »eser kenegdo« (Genesis 2,18 ff.) bezeichnet wird, im Sinne von wechselseitiger Ergänzung, aber auch eines wechselseitigen Spiegels verstanden. Dies bedeutet, dass in ihrem Bezug auf Christus die Geschlechterrollen sich nicht etwa nivellieren, wie es in der modernen Welt, in Arbeits-, Berufs-, und Sportleben schon in den zwanziger Jahren zu beobachten ist, sondern dass sie sich an dem Urbild aufeinander hin vertiefen.

38 ESGA Band 13, S. 77. Siehe zum anthropologischen Hintergrund: dies., Der Aufbau der menschlichen Person. Vorlesung zur philosophischen Anthropologie. ESGA Band 14. Freiburg 2004, insbes. S. 74 ff.

39 ESGA Band 13, S. 78.

40 Aus einer Diskussion mit Edith Stein im November 1930 über ›Grundlagen der Frauenbildung, hier zitiert nach Gerl-Falkovitz: Edith Stein, a. a. O., S. 61. Jetzt auch umfassend dokumentiert in: ESGA Band 13, S. 232-253.

Die Christus-Ebenbildlichkeit zeigt sich also nicht nur in der christlichen AGAPE, im Sinne der paulinischen Briefe, sondern auch im Eros.

Immer wiederholt sie: »keine Frau ist ja nur Frau«, die individuelle Persönlichkeit bis hinein in ihr Gegründetsein in Gott zu sehen, schließt das Frausein, auch in seiner Leiblichkeit und Geschlechtlichkeit, ein.

Einen auszeichnenden, spezifischen Wesenszug der Frau hat Edith Stein in der Liebesfähigkeit gesehen, »zugleich in den anderen das Reifen zu ihrer Vollkommenheit anzuregen und zu fördern [...]«, dies eben sei »tiefstes weibliches Sehnen, das in den mannigfaltigsten Verkleidungen, auch Entstellungen und Entartungen auftreten kann. Es entspricht [...] der ewigen Bestimmung der Frau«.[41]

Stein hat dabei immer passive und aktive Seite zusammenzudenken versucht. Sie ist auch Bestimmungen nicht ausgewichen, die man im Zeitalter des Konstruktivismus als »essentialistisch« bezeichnet und damit abtun zu können meint. Doch man sagt auf diese Weise eigentlich in der Sache nichts.

Wenn weiter zutrifft, dass sich die Geschlechterdifferenz einem abstrakt begrifflichen Zugang verschließt, so trägt Stein diesem Umstand vollständig berechtigt Rechnung, indem sie im Zusammenhang ihrer einschlägigen Analysen nie nur als Philosophin, sondern aus einer einfühlenden Moralistik heraus spricht, die im pädagogischen, seelsorgerlichen und philosophischen Menschenumgang erprobt worden ist.

Unstrittig hat sich die Pädagogin und Anthropologin Edith Stein stärker mit weiblicher als mit männlicher Eigenart auseinandergesetzt. Dies hat vor allem zufällige Gründe. Hatte sie es doch als Pädagogin vor allem mit jungen Frauen und Mädchen zu tun. Doch sie trägt damit auch in aller Demut dem Umstand Rechnung, dass niemand in diesen letzten Fragen um seine Weltecke sehen kann.

Bemerkenswert ist dabei im Einzelnen, dass sie die Frage der Mutterschaft als leiblich-geistigen Akt versteht und in ein Zentrum ihrer Reflexion rückt. »Die Aufgabe, ein werdendes und wachsendes Lebewesen in sich aufzunehmen, zu bergen und zu nähren, bedingt eine gewisse Beschließung in sich selbst [...] und ist eine so intime Einheit von Seelischem und Leiblichem, dass man wohl versteht, dass diese Einheit zum Gepräge der gesamten weiblichen Natur gehört«.[42] Gemäß der biblisch liturgischen Matrix dieser Überlegungen gehören auch die Figur der ›Virgo mater‹: der jungfräulichen Mutter und der geistigen Mutterschaft in den hier zu bedenkenden Zusammenhang. Jungfräulichkeit als geistige Grundeigenschaft hat Edith Stein besonders akzentuiert. Dieser Grundzug könne daher in verwandelter Form auch der Frau als Geliebte, Ehegattin, Mutter

41 Die Frau, ESGA Band 13, S. 85.

42 Die Frau, ESGA Band 13, S. 86.

zukommen. Frausein ist indes niemals nur ein natürliches, sondern immer zugleich ein geistiges Grundverhältnis: »[…] das heißt frei sein von allen Geschöpfen, von falscher Bindung in sich selbst und an andere […], das ist der innerste, geistige Sinn von Reinheit.« *Virginitas* bestimmt sie als die Quelle für »dienende Liebe, die weder sklavisches Unterworfensein noch herrisches Sichbehaupten und Gebietenwollen ist«.[43]

Vor allem zwei Fehlformen der Mutterschaft kennzeichnet Edith Stein: zum einen diejenige, die ganz in eine naturhafte, geistlose oder gar geistfeindliche Bindung zurückführt. In den Romanen der zeitgenössischen skandinavischen Literatur fand sie dafür Anschauungsmaterial. Edith Stein spricht vom »Ackerland, durch das niemals ein Pflug ging«. Auch die Kehrseite wird von ihr scharfsichtig gekennzeichnet, jener Typus von Frau, die die Mutterschaft wie ein zufälliges Ereignis abstreifen möchte und die Spannung des individuellen Selbstbewusstseins mit der Natur nicht aushalten kann. Kennzeichnend ist in diesen Reflexionen immer, dass Edith Stein auf die Individualität blickt und nicht ein ideologisches Portfolio verfolgt. Gerl-Falkovitz hat überdies sehr zu Recht darauf hingewiesen, dass Edith Stein die Problematik ungelebten Lebens, die Schwierigkeit einer Integration des Nicht-Integrierten, in ihren Arbeiten zum Geschlechterverhältnis aufwirft und thematisiert: ein Gedanke und eine Realität, die in den Fortschrittsutopien der Neuzeit kaum je einen Ort hatten.

3. Vor dem Zusammenhang von Eros und Agape legt sich, bei allen fundamentalen Differenzen, der Gegenblick auf Simone Weil nahe, die große Einsame, Mystikerin, Sozialistin und Platonikerin, von der der General de Gaulle meinte: »Sie ist verrückt.« Simone de Beauvoir hingegen brachte ihr große Bewunderung entgegen, weil Weils Herz für die ganze Welt geschlagen habe. Beides dürften verständliche Missverständnisse sein.

Tiefer blickten die Kenner von Leben und Werk, die aus einer metaphysischen, ja theologischen Perspektive über Simone Weil urteilten: Gabriel Marcel, einer der bedeutendsten Denker des Nouveau catholique, nennt sie schlichtweg eine »Zeugin des Absoluten. Das ist es übrigens, wodurch sie uns, was immer sie selbst darüber denken mochte, vor allem als eine Tochter Israels erscheint«. Und Dietrich von Hildebrandt bemerkt: »Der größte und edelste Zug ihres Wesens war ihr Durst nach dem Absoluten.«[44]

Da Simone Weil bis in das Herz der Modernität, auch in der Menschen zerstörenden Hässlichkeit der modernen Industriegesellschaft, eingedrungen ist, hat sie den Kollektivismus, das »große Theben« oder das apokalyptische große Tier als diabolisches Syndrom begriffen. »Das Fleisch treibt uns, ›ich‹ zu sagen, und der Teufel treibt uns, ›wir‹ zu sagen;

43 ESGA Band 13, S. 181. Vgl. dazu auch: K. Westerhorstmann: Pro-Existenz als Stärke weiblichen Seins. Die Studien Edith Steins zum Frausein, in: B. Beckmann-Zöller und H.-B. Gerl-Falkovitz (Hrsg.): Die unbekannte Edith Stein: Phänomenologie und Sozialphilosophie. Frankfurt/Main u.a. 2006, S. 201 ff.

44 Vgl. den Abdruck dieser für die Kennzeichnung Simone Weils wichtigen Überlegungen: A. Krogmann: Simone Weil. Reinbek – Hamburg 1970, S. 178 ff.

oder auch, wie Diktatoren, ›ich‹ mit einer kollektiven Bedeutung«.[45] Im Zentralismus und in der Nivellierung, auch zwischen den Geschlechtern, sieht sie die Grundsignatur der eigenen Epoche. Jene One-World-Zentrierung werde zerfallen, und aus sich anarchistische Formen des Existenz-, Parteien- und Geschlechterkampfes hervorbringen. Wenn man dem Teufel die Organisation des öffentlichen Lebens anvertrauen würde, so hat Simone Weil einmal pointiert bemerkt, so könnte er sich nichts Besseres einfallen lassen, als das Instrument der Parteien.

Simone Weil vollzieht gleichsam an sich selbst das Experiment der pascalschen Wette. Sie tut dies in einem Brief an ihren Beichtvater Pater Perrin mit den folgenden Worten: »Ich fühlte, das ich, nachdem ich mir so viele Jahre hindurch immer nur gesagt hatte: ›Vielleicht ist das alles nicht wahr‹, nun nicht etwa aufhören sollte, dies zu sagen … sondern dieser Formel die entgegengesetzte Formel ›Vielleicht ist das alles wahr‹ hinzufügen und beide miteinander abwechseln lassen sollte.«[46]

In der Folge der Patristik geht sie von einer letzten Konvergenz antiker platonischer Philosophie und Kosmologie und des Christentums aus: Inkarnation bedeutet nach Simone Weil »die Täuschung einer prinzipiellen Kluft zwischen sogenanntem Heidentum und Christentum« zu überwinden.[47] Dies hat eminente Lebenskonsequenzen, auch für das Verhältnis zwischen den Geschlechtern.

Als Mystikerin hat Simone Weil über die Dimension der Person hinauszudenken versucht. Vollkommenheit sei nicht mehr persönlich, hat sie bemerkt und ist so weit gegangen, das entbundene, unbegrenzte ›Ich‹ als Beginn eines universalen Kollektivismus zu denken. Jede Selbstvervollkommnung des Menschen seit der römischen Antike sieht sie auf diesen ›Atheismus der sittlichen Welt‹ zutreiben.

Vom Kreuz her suchte Weil die letzte Tiefe des Christentums zu erschließen, die nach ihrer Einsicht darauf beruht, »dass es nicht nach einem übernatürlichen Heilmittel gegen das Leiden, sondern nach einem übernatürlichen Gebrauch des Leidens trachtet.« Manche der kreuzesmystischen Einlassungen wie jene, dass sie den Schächer am Kreuz beneide, weil er am Leiden Jesu in unmittelbarer Weise teilhabe, mögen anfechtbar sein. Die Theologia crucis wird von Simone Weil aber in ihrer ganzen Spannung ertragen. Christus sei das Schweigen Gottes, wird sie sagen und nahelegen, die Frage Jesu am Kreuz mit den Worten des 22. Psalms: »Mein Gott, mein Gott, warum hast du mich verlassen?« ELI ELI LAMA ASABTHANI sie immer neu zu wiederholen. Jede Antwort, die man geben könne, wäre eine bloße Fiktion und der Versuch, dem Ernst der Frage auszuweichen.

---

45 Zitiert nach Krogmann, S. 98. Vgl. zu Einzelheiten auch die subtile Darstellung J. Cabaud: Simone Weil. Die Logik der Liebe. Freiburg-München 1968.

46 Zitiert nach Krogmann, S. 107.

47 Ebd., S. 115.

Mit Pascal hat Simone Weil bemerkt: »Das Kreuz allein genügt mir.« Das Kreuz, dessen Spuren sie in den Bäumen des Waldes, in Zeugnissen der Philosophen bis hinein in den Kanon der Messe verfolgt, ist, so sagt Simone Weil, »die Waage, auf der ein schmächtiger und leichter Körper, der aber GOTT war, das Gewicht der ganzen Welt aufgehoben hat. ›Gib mir einen Stützpunkt, und ich werde die Welt aufheben‹. Dieser Stützpunkt ist das Kreuz. Es kann keinen anderen geben. Er muss dort sein, wo die Welt, und das, was nicht die Welt ist, sich überschneiden. Dieser Schnittpunkt ist das Kreuz«.[48] Mithin ist er auch der Schnittpunkt zwischen den Geschlechtern.

Einwurzelung in den tieferen Ordnungen, von denen das Naturrecht nur ein Abbild ist, wurde zu einem zentralen sozialphilosophischen Gedanken von Simone Weil. »Gehorsam einem Menschen gegenüber, dessen Autorität nicht von Legitimität verklärt ist, das ist ein Albtraum [...]«. Zur Frage der Legitimität gehört deshalb wesentlich jene nach Hierarchie und damit zugleich nach der symbolischen Bedeutung von Herrschaft und Dienst: »Die wahre Hierarchie bewirkt, dass jeder sich an dem Platz, den er einnimmt, auch seelisch einrichtet«.[49]

VI. Schlussbemerkung:

Der Beitrag zielte, ebenso wie jener von Manfred Spreng, in seiner Weise darauf ab, die Unhaltbarkeit der Gender-Ideologie mit den Mitteln der Wissenschaft zu zeigen: in diesem Falle der Philosophie und der Ideengeschichte. Er setzte das christliche Bekenntnis nicht voraus, sondern lediglich die Bereitschaft, Kenntnisse zu erwerben und die eigene Urteilskraft zu betätigen, so dass erkennbar wird, dass weite Teile modischer Diskurse und machtvoller Eingriffe in die Natur des Menschen letztlich einem Popanz folgen und der Kaiser nackt ist. Die Haltlosigkeit korreliert freilich mit der Gefährlichkeit der Gender-Ideologie. Dabei stießen wir immer wieder, zuletzt, indem wir mit herausragenden christlichen Denkerinnen in ein Gespräch eintraten, ganz explizit, auf den Grund solcher Vernunftordnungen in der christlichen Wahrheit. Dies kann nicht anders sein, wenn Gott sich gerade auch in der Vernunft offenbart, aller menschlichen Vernunft Grenze und Ziel gibt.

Dass der Mensch in seiner Komplementarität als Mann und Frau ein wundervoller Erweis der Schöpfungsweisheit Gottes und der Gottebenbildlichkeit ist, war das Ergebnis sowohl der Analysen des Mediziners und Neurowissenschaftlers wie auch des Philosophen.

In der Personalität, der durch den Tod und die Auferstehung hindurch erworbenen Gott-Ebenbildlichkeit des Menschen, ist die Isolierung der Geschlechter und der Zwang, sich gegeneinander durchzusetzen, aufgehoben in eine höhere Einheit, in der die

48 Die Texte nach Krogmann, a. a. O., S. 136.

49 Siehe heute die repräsentative Ausgabe der Cahiers: S. Weil, Cahiers. Aufzeichnungen. Hgg. von Elisabeth Edl und Wolfgang Matz. München o.J. 4 Bände.

Schöpfungsordnung bewahrt, bejaht und auf Christus hin erlöst ist. »So ist nicht Jude, nicht Heide, nicht Sklave, nicht Freier, nicht Mann, nicht Frau – ihr alle seid Einer in Christus« (Galater 3,28). Mit Paulus: Ein Leib, in der Vielheit ihrer Glieder. Gregor von Nazianz hat bereits mit aller Autorität festgehalten: »Gott ist weder Mann noch Frau«. Und nur in ihm, nicht aber durch Menschenwerk, können die Geschlechter letztlich geeint werden. Schönheit und Erfüllung des getrennt- geeinten Daseins werden darin erfahren. Christlicher Glaube legt, anders als ein abstrakter Platonismus oder Idealismus,[50] nicht nahe, den Leib zu leugnen. Doch das Fleisch soll bekleidet werden mit der Gnade und Liebe Gottes. ›Deus Caritas est‹, dies bedeutet, wie Papst Benedikt XVI. zu Recht erläutert: »Der *Eros* für den Menschen ist [...] zugleich ganz und gar *Agape*. Nicht nur weil er ganz frei und ohne vorgängiges Verdienst geschenkt wird, sondern auch weil er verzeihende Liebe ist«.[51] Und weiter – von dem unumkehrbaren »Gott ist Liebe« (1. Johannesbrief 4, 8) her allein »ist zu definieren, was Liebe ist. Von diesem Blick her findet der Christ den Weg seines Lebens und Liebens«.[52] Die Liebe, näherhin, die Fleisch gewordene Liebe Gottes in Christus ist letztlich bestimmend für die Annahme der eigenen Geschlechtlichkeit. Sie aber ist mit Gender in keiner Weise zu verbinden.

50 Dieser ist freilich mit Platons Denken nicht zu verwechseln.

51 Benedikt XVI., Deus Caritas est. Gott ist die Liebe. Enzyklika, gegeben 25. 12. 2005, dt. Ausgabe Weltbild 2006, S. 23.

52 Ebd., S. 27.

Herausgeber und Autoren

Der Kirchliche(n) Sammlung um Bibel und Bekenntnis in Bayern e.V. (KSBB), gegründet Ende der sechziger Jahre des letzten Jahrhunderts, war es Ziel und Anliegen, den zweiten, in den 60er Jahren aufgebrochen, Kirchenkampf um die biblische Lehre in der Kirche aufzunehmen. Neben dem Kampf gegen die Irrlehren und Irrtümer unserer Zeit ist es ein weiteres Ziel der Kirchlichen Sammlung, für eine geistliche Erneuerung und (Neu) evangelisation einzutreten. Das dritte zentrale Anliegen der KSBB ist es, die Relevanz des christlichen Glaubens für die Gesellschaft zu verdeutlichen. Dies geschieht zum Teil über die ihr nahestehende Christliche Bildungsstiftung (CBS).

Dr. Harald Seubert, geboren 1967, 1987-1992 Studium der Philosophie, Literatur- und Sozialwissenschaften, Geschichte und evangelischen Theologie, 1998 Promotion, 2003 Habilitation über Platon, seit 2006 nach langjährigen Lehrtätigkeiten an den Universitäten Erlangen und Halle/Wittenberg ordentlicher Universitätsprofessor an der Adam Mickiewicz-Universität Posen, zudem Lehrauftrag an der Universität Erlangen-Nürnberg und seit 2009 an der Universität Bamberg; seit 2010 auch an der Hochschule für Politik/ München. Zahlreiche Buch- und Aufsatzpublikationen. Verwalter des geistigen Erbes von Günter Rohrmoser. Jüngste Veröffentlichungen: Religion. Eine Einführung. München 2009; Jenseits von Sozialismus und Liberalismus. Gräfelfing 2010; Glaube und Vernunft: Christliche Religionsphilosphie. München 2011.

Andreas Späth, geboren 1971, studierte nach seiner Dienstzeit bei der Bundeswehr und Tätigkeit bei den Vereinten Nationen Religionspädagogik und kirchliche Bildungsarbeit mit Abschluss Diplom (FH) sowie einige Semester Theologie und Politikwissenschaft. Seitdem Religions- und Gemeindepädagoge in Würzburg und München, jetzt als Religionslehrer in Ansbach tätig. Zusatzausbildung zum Erlebnispädagogen. Verfasser von Zeitschriften- und Buchbeiträgen zu theologischen, politischen und pädagogischen Themen. Moderator und Kommunikationstrainer. Preisträger des Vereins zur Förderung des christlich-jüdischen Gesprächs in der Ev.-Luth. Kirche in Bayern und Träger des UN-Ordens »In the Service of Peace«. Seit 2003 Vorsitzender der Kirchlichen Sammlung um Bibel und Bekenntnis und seit 2009 Vizepräsident der Internationalen Konferenz bekennender Gemeinschaften.

Dr. Manfred Spreng, geboren 1936, Studium der Elektrotechnik/Nachrichtentechnik, 1961 Diplom TH Karlsruhe, 1961–1966 Wissenschaftlicher Assistent am Institut für Physiologie der Universität Erlangen, 1967 Promotion TH Stuttgart. Teilstudium Medizin, 1970 Habilitation über objektivierende Messungen am Schmerzsinn des Menschen 1970 in Erlangen (Thiersch-Preis 1970). 1970/75 Forschungsgruppenleiter des interfakultativen Forschungsprojektes: Datenverarbeitung in Organismen und Rechenautomaten. Seit 1978 Universitätsprofessor und Leiter der Abteilung Physiologische Akustik und Informatik am Institut für Physiologie und Biokybernetik der Universität Erlangen-Nürnberg mit den Arbeitsgebieten Neuro- und Sinnesphysiologie, Medizininformatik, prächirurgische Epilepsiediagnostik, Spracherkennung, Hörhilfen, Lärmwirkungsforschung.
Bis 2001: Mitarbeit und Vorsitz in zahlreichen Fachausschüssen, unter anderem der Deutschen Gesellschaft für Kybernetik, der Informationstechnischen Gesellschaft im VDE, der Deutschen Forschungsgemeinschaft, des Umweltbundesamtes; Vorsitz im Dachverband Medizintechnik; Mitglied der EU-Expert-Group »Impulsive Noise«.
Verfasser von über 200 wissenschaftlichen Beiträgen in Büchern u. Zeitschriften über Physiologie des Gehörs, Gehörschäden, Sprachentwicklung, Hören in Schulen, Evozierte Gehirnpotentiale, Epilepsie Tutorials, Lärmstresswirkungen.
Seit 2001 Gutachtertätigkeit als Lärmwirkungsforscher bei größeren Planungs- und Ausbauvorhaben und bei Gehörschäden durch Freizeitlärm.

Stichwortverzeichnis

Personenregister

Originalzitate zum Thema

Regina Ammicht-Quinn, parteilose, durch die CDU berufene, Staatsrätin.
»Staatsrätin irritiert die Konservativen«, Stuttgarter Zeitung vom 21.04.2010

» *Unter der Überschrift ›Es gibt mehr als zwei Geschlechter‹ wandte sich die Professorin da gegen gängige Denkschemata: ›Unser westliches Konstrukt ›männlich/weiblich‹ greift zu kurz, ebenso das Konstrukt zweier Identitäten hetero- oder homosexuell.‹ In Wahrheit seien die ›Kategorien viel fließender‹ [...]. Auf die Frage, ob die katholische Kirche demnach eine Unterdrückungsinstanz sei, antwortete Ammicht-Quinn: ›Wenn Sie die offiziell-römische Spielart meinen, ja‹* «

Till Steffen, Die Grünen, Hamburger Justizsenator, Justizministerkonferenz.
»Adoptionsrecht für Schwule und Lesben gefordert«, Der Westen vom 04.11.2010

» *Der Hamburger Justizsenator Till Steffen bezeichnete die derzeitige Einschränkung des Adoptionsrechtes als ›nicht systemgerecht‹. Es handele sich um einen Verstoß gegen den Gleichbehandlungsgrundsatz, erklärte der Grünen-Politiker, der in diesem Jahr der JMK vorsitzt. Deutschland hinke auch im europäischen Vergleich weit hinterher. Wichtig sei nicht die biologische Elternschaft, sondern die liebende Fürsorge der Eltern für das Kind. Schwule und Lesben seien genauso gute oder schlechte Eltern wie Heterosexuelle.* «

Volker Beck, Die Grünen, Bundestagsabgeordneter.
»Adoptionsrecht für Schwule und Lesben gefordert«, Der Westen vom 04.11.2010

» *Grünen-Fraktionsgeschäftsführer Volker Beck nannte den Beschluss der JMK ›absolut richtig‹. Kinder hätten ein Recht auf Liebe, Fürsorge, Aufmerksamkeit und Geborgenheit. ›All dies können sie bei gleichgeschlechtlichen Eltern in gleicher Weise erfahren wie bei verschieden geschlechtlichen Paaren‹, sagte er. Es sei deshalb falsch und unsinnig, an einem überkommenen Familienbild festzuhalten.* «

Viviane Reding, europäische Kommissarin für Justiz und Grundrechte und Bürgerschaft.
»Europaweite Durchsetzung der Homo-›Ehe‹?« medrum vom 11.09.2010

» *Wir wollen keine Völker, die sich der gleichgeschlechtlichen Ehe widersetzen. Falls dies nicht verstanden wird, müssen wir eben eine härtere Gangart einlegen.* «

Thomas Krüger, SPD, Präsident der Bundeszentrale für politische Bildung.
Vortrag auf dem Kongress »Das flexible Geschlecht. Gender, Glück und Krisenzeiten in der globalen Ökonomie«, Oktober 2010

» *In der DDR galten Geschlechterunterschiede mit dem sozialistischen Gleichheitspostulat quasi als überwunden. Die beinahe Vollbeschäftigung von Frauen und die flächendeckende staatliche Kinderbetreuung ließen in Westdeutschland heiß debattierte Themen um arbeitende Mütter und Selbstverwirklichung im Job obsolet erscheinen. Abtreibung war bis zum dritten Schwangerschaftsmonat straffrei. Doch auch in der DDR wie heute im wieder vereinten Deutschland kam den Müttern zumeist die Doppelverantwortung für Kindererziehung und Erwerbstätigkeit zu, allerdings mit dem Unterschied, dass durch die Posteriorität der Ernährer-Ehe viele Frauen kurzerhand den Männern die Tür wiesen und das Familienunternehmen komplett selbst in die Hand nahmen. Der Westen hingegen leistete sich Hausfrauen. […] Deshalb gilt es immer noch, das Prinzip des Gender Mainstreaming als zentrale Dimension aller gesellschaftlichen und politischen Bereiche umzusetzen.*

Um für bisher ausgegrenzte Stimmen und Rechte zu kämpfen und die Strukturen zu überwinden, die sie bedingen, bedarf es neben der Anerkennung der Geschlechterdifferenzen zudem politischer Bündnisse auch quer zu und jenseits von Heteronormativität, Zweigeschlechtlichkeit und Kleinfamilie. Um Gerechtigkeit und einen Austausch auf Augenhöhe zu erreichen, kann die eigene Position, die eigene Erfahrung, der eigene Körper und die eigene Sexualität nicht länger zur Norm erklärt werden, von der alle anderen Versionen als minderwertige Abweichungen gelten, die es allenfalls zu tolerieren gilt. Schließlich sind längst alle Formen des Zusammenlebens, von sozialen Beziehungen und Identitäten weitaus vielfältiger als überkommene Binaritäten und Oppositionen beschreiben können.

Vor kurzem hat Volkmar Sigusch in unserem Periodikum ›Aus Politik und Zeitgeschichte‹ in seinem Essay zum Heft ›Homosexualität‹ darauf hingewiesen, dass Homosexuelle immer unauffälliger werden, Fußball spielen und die ›Homo-Ehe‹ schließen, während sich Heterosexuelle als Bisexuelle, Fetischisten, BDSMler, Bigender, Transvestiten, Transgender, Transidentische, Transsexuelle, E-Sexuelle, Intersexuelle, Polyamoristen, Asexuelle, Objektophile und Agender verstehen. «

Susanne Baer, Neuberufene Verfassungsrichterin,
»Kreativer Umgang mit dem Grundgesetz«, Junge Freiheit vom 19.11.2010

» *Bei der Tagung der Vereinigung der Deutschen Staatsrechtslehrer 2008 in Erlangen hielt Baer einen Vortrag zum Thema ›Demographischer Wandel und Generationengerechtigkeit‹, für den sie heftig angegriffen wurde. […] Von einer Förderung der Familie als Keimzelle des Staates wollte sie nichts wissen. Global gebe es den demografischen Wandel nicht. Die Geburtenförderung sei diskriminierend, weil ja nur die Bevölkerung eines bestimmten Staates gefördert werde. Statt für mehr Geburten plädierte Baer für mehr Zuwanderung, Integration dürfe dabei nicht Assimilation bedeuten. In diesem Sinne müsse das Grundgesetz ausgelegt werden.* «

Doris Stump, SP, Schweizer Nationalrätin
»Europarat will ›Mutter‹ und ›Vater‹ abschaffen«, Die Welt vom 02.09.2010

» *Im Kampf gegen geschlechterspezifische Diskriminierung setzt der Europarat auf die Sprache. Der in Straßburg tagende Rat empfiehlt seinen 47 Mitgliedsstaaten, in ihren Behörden eine ›nicht sexistische Sprache‹ zu verwenden. Die Darstellung von ›Frauen zu Hause‹ sei ein traditionelles Rollenbild, das die Gleichstellung der Geschlechter hemme, heißt es in einer Resolution der Parlamentarischen Versammlung des Rates. Die sozialistische Schweizer Nationalrätin Doris Stump verlangte […] wörtlich, dass Frauen nicht mehr ›als passive und* ***minderwertige Wesen, Mütter oder Sexualobjekte****‹ dargestellt werden sollten. Und der Alpenstaat ist auch schon vorbildlich in der Umsetzung. In der Hauptstadt Bern werden grundsätzlich ›geschlechtsabstrakte Personenbezeichnungen‹ bevorzugt. Im Klartext heißt das: ›Flanierzone‹ statt ›Fußgängerzone‹, ›Elternteil‹ oder (seltener) ›Elter‹ statt ›Vater‹ oder ‚Mutter‹.* *(Hervorhebung vom Hrsg.)* «

Sabine Leutheusser-Schnarrenberger, FDP, Bundesjustizministerin.
»Justizministerin plant liberaleres Adoptionsrecht«, Die Welt vom 29.05.2010

» *Auch die Forderung nach einem Adoptionsrecht für Schwule und Lesben hält Leutheusser-Schnarrenberger für angebracht. ›Wissenschaftliche Untersuchungen beweisen, dass Kinder in einer Lebenspartnerschaft genauso gut aufwachsen und sich entwickeln können wie in anderen Lebensgemeinschaften.‹* «

Caren Marks, SPD, über Kristina Schröder, CDU, Bundesfamilienministerin
»Versetzung gefährdet«, taz vom 12.09.2011

» *Schröders Gleichstellungsabteilung – die einzige Abteilung, die von einer Frau geleitet wird – geht im Ministerium fast unter. Anstatt geschlechtersensible Politik für Frauen und Männer zu betreiben, wie es Gender Mainstreaming vorsehen würde, schiebt Schröder nun einseitig Männerprojekte an. ›Dabei adressiert gerade Gender Mainstreaming Männer und Frauen‹, sagt SPD-Politikerin Caren Marks.* «

Doris Juranek, Die Grünen, über Monika Ebeling, SPD, die (nunmehr ehemalige) Gleichstellungsbeauftrage der Stadt Goslar.
»Frauen müssen in Goslar gleicher sein – Gleichstellungsbeauftragte Ebeling abgesetzt«, Medrum vom 19.05.2011 (www.medrum.de)

» *Die Amtsinhaberin Monika Ebeling (SPD-Mitglied), eine studierte Sozialpädagogin und Leiterin einer Kindertagesstätte, hat den politischen Willen in Goslar missachtet. Sie trat nicht nur für die Gleichstellung von Frauen, sondern auch für die von Männern ein. Dies brachte die Gemüter der grünen und linken Lokal- und Frauenpolitiker zum Kochen. Nachdem Ebeling durch Abwahl zur Strecke gebracht wurde, sind die Weichen gestellt, um im Gleichstellungsgeschäft die gewünschte Normallage einnehmen zu können: Gleichstellung muss in Goslar auf Frauen fokussiert sein. Denn Ebelings Fokus war ›verrutscht‹, wurde argumentiert.*

Weshalb Ebeling bei großen Teilen des Stadtrates in Ungnade fiel, macht die grüne Kommunalpolitikerin Doris Juranek (Vorsitzende der grünen Stadtratsfraktion) in einem Schreiben an den Oberbürgermeister der Stadt Goslar klar:

›... das Wirken der Gleichstellungsbeauftragten ist mittlerweile von unseren Vorstellungen weit entfernt. Ihren bisherigen Tätigkeiten nach will sie Benachteiligung von Männern aufzeigen und ›beseitigen‹ – dies ist nicht unser politischer Wille und wir denken, damit auch im Rat nicht allein zu stehen!‘

Juranek behielt recht. Sie stand tatsächlich im Rat nicht alleine da mit ihrem politischen Willen, Benachteiligungen von Männern nicht Teil der Gleichstellung in Goslar werden zu lassen. Vor allem die Grünen, aber auch die SPD unterstützten den Abwahlantrag, den die Linkspartei zuvor eingebracht hatte. «

Alice Schwarzer über Ursula von der Leyen, CDU
»Politische Geschlechtsumwandlung«, FAZ vom 20.06.2006

» *›Neue Zärtlichkeit‹ war Alice Schwarzers damaliger Schlüsselbegriff für weibliche Homosexualität. Sie kämpfte erklärtermaßen gegen ein ›Männermonopol auf Frauenliebe und -sexualität‹ und teilte offenbar die damals in den einschlägigen Kreisen verbreitete Auffassung, dass ›praktisch jede Frau‹, wie etwa Barbara Schleich im ›Vorwärts‹ schrieb, ›von Natur aus bisexuell ist und dass allein der Rollendrill mit der damit verbundenen Fixierung auf den Mann bei den meisten Frauen homoerotische Neigungen verschüttet.‹*

Wenn also Alice Schwarzer seinerzeit von ›Erpressung und Drill auf den Mann‹ schrieb, wussten Lesben, was gemeint war – aber man konnte es, wie ihren misandrischen Bestseller ›Der kleine Unterschied‹, natürlich auch anders deuten, in einem allgemeineren Sinne feministisch. In dieser Zeit bezeichnete Alice Schwarzer Hausfrauen und Mütter noch als ›Sklavinnen‹. In ihrem jüngsten Interview nennt sie Hausfrauen Gefangene eines ›feudalistischen Systems‹. Der von der Kenntnis mittelalterlicher Verhältnisse ungetrübte Gebrauch des Wortes ›Feudalismus‹ verweist auf eine weitere der Wurzeln des heutigen Feminismus, nämlich in der radikalen Linken. Erst wenn man all das bedenkt, kann man Alice Schwarzers Begeisterung darüber ganz auskosten, dass jetzt ›die konservative Familienministerin [Anmerkung d. Hrsg.: Gemeint war damals Ursula von der Leyen] die rot-grüne Familienpolitik nicht nur fortsetzt, sondern weitertreibt.‹ «

Maria Rauch-Kallat, ÖVP, Frauenministerin
»Österreichische Ministerin will Nationalhymne ändern«, Der Spiegel vom 26.09.2005

» *›Heimat bist Du großer Söhne‹ – mit dieser Zeile aus der österreichischen Nationalhymne könnte bald Schluss ein. Die Frauenministerin des Landes hält das Liedgut für diskriminierend und möchte den Text per Parlamentsbeschluss ändern. Wien – Im Sinne der Gleichberechtigung schlug Frauenministerin Maria Rauch-Kallat heute einen neuen Text vor: Die Zeile ›Heimat bist Du großer Söhne‹ soll in ›Heimat großer Töchter, Söhne‹ umgedichtet werden. Und statt als ›Vaterland‹ soll Österreich künftig als ›Heimatland‹ besungen werden.* «

(Laut ›Der Standard‹ vom 13.07.2011 ist Rauch-Kallat am Ziel. Zum 01.01.2012 soll der Text der österreichischen Nationalhymne ge(g)ä(e)ndert werden.)

Wolfgang Benz, Leiter des Zentrum für Antisemitismusforschung (ZfA) der Technischen Universität Berlin.
»Historiker: Pippi Langstrumpf verbreitet Vorurteile« Münstersche Zeitung vom 19.02.2011

» *Lesben und Schwule kommen in der Kinder- und Jugendliteratur ganz selbstverständlich vor. Allerdings sind in diesen Fällen die Autoren oft selbst homosexuell.* «

Heide Trommer, von 1996–2006 Gleichstellungsbeauftragte des Diakonischen Werkes der EKD
DIAKONIE - Impulse 1/2002

» *Frauenpolitik zielt darauf ab, das Ungleichgewicht zwischen den Geschlechtern durch Programme zur Abwehr von Diskriminierung auszugleichen und durch gezielte Frauenförderung zu überwinden. So wird es weiterhin starke Frauengruppen und -organisationen geben müssen, die den frauenpolitischen Forderungen Nachdruck verleihen. Gender Mainstreaming ist auch kein Ersatz für die innerorganisatorische Gleichstellungsarbeit, deren wesentliche Komponenten die bessere Vereinbarkeit von Beruf und Familie sowie eine paritätische Stellenbesetzung sind. Frauenfördermaßnahmen und Gleichstellungsarbeit sind Grundlagen, auf denen Gender Mainstreaming als Strategie aufbauen kann. [...]*

Eine Gefahr von Gender Mainstreaming besteht darin, dass es dazu missbraucht wird, Frauenfördermaßnahmen abzulösen oder zu ersetzen. Personalmittel für die Stelle einer Frauenreferentin werden nicht mehr für nötig erachtet, da die Mitarbeiterschaft und Leitungsgremien durch Gender-Trainings sensibilisiert seien. Eine weitere Gefahr des Gender Mainstreaming liegt darin, die bestehende Geschlechterhierarchie zu verschleiern und vorzugeben, Frauen und Männern hätten inzwischen gleiche Start- und Arbeitsbedingungen.

Angesichts der vergleichbaren Bildungschancen von Jungen und Mädchen und den sich annähernden qualifizierten Ausbildungs- und Studienabschlüssen von Frauen und Männern kann tatsächlich der Eindruck entstehen, die Startbedingungen seien gleich. Da Männer aber umgekehrt nicht in gleichem Maße Reproduktionsaufgaben übernommen haben und immer noch selten in die Eltern- oder Teilzeit gehen, d.h. Frauen weiterhin meist allein das ›Kinderrisiko‹ tragen, ist Chancengleichheit noch nicht erreicht. [...]

Es waren die kirchlichen entwicklungspolitischen Werke, die Gender in die gesellschaftliche Diskussion in Deutschland einbrachten und die ersten Gender-Trainings durchführen. Für die innerdeutsche Diakonie geht es nun darum, in die jeweiligen Handlungsfelder die Geschlechterperspektive einzuführen und auf die Beseitigung der Geschlechterhierarchie hinzuarbeiten. Das heißt zum Beispiel auch, bei Qualitätssicherungsprozessen Gender Mainstreaming zu berücksichtigen. «

Aygül Özkan, CDU, Niedersächsische Ministerin für Soziales, Frauen, Familie, Gesundheit und Integration in ihrem Vorwort zur Broschüre: »Gender-Mainstreaming – Die besten Beispiele aus der Praxis des Landes Niedersachsen. Gender Mainstreaming und die Prüfung der Auswirkungen auf Familien« 2011 [Rechtschreibfehler sind aus dem Original übernommen]

» *Die Landesverwaltung kann als Vorbild dienen, wenn es um die Verwirklichung der Gleichstellung geht. Dafür nutzt sie seit vielen Jahren das von der EU eingeführte Gender Mainstreaming als Strategie und Methode. [...] Hilfreich sind dabei zwei im Landesintranet bereitgestellte, bundesweit einmalige Instrumente: ein spezieller und sehr umfangreicher Wissenspool und ein eLearning-Programm. Beide sind den Beschäftigten jederzeit zugänglich. Zudem werden die Methoden in die Fortbildungskonzepte zur Qualifizierung von Führungskräften und zum Aufstieg einbezogen. Auch das neue Beurteilungssystem enthält als ein Kriterium die Genderkompetenz. [...] Die Weiterführung des Gender-Prozesses liegt in der Verantwortung der Ressorts. Niedersachsen bleibt aber nicht bei den Ministerien stehen: auch viele nachgeordnete Dienststellen sind bereits einbezogen.*

Die niedersachsächsische Verwaltung hat viele vorzeigenswerte Ideen entwickelt, die sie mit dieser Broschüre auch der Öffentlichkeit bzw. anderen Behörden zugänglich machen möchte.

Die Nachahmung ist dabei herzlich empfohlen: Lassen Sie sich an Ihrem Arbeitsplatz vom Weg des niedersächsischen Gender Mainstreamings inspirieren. «

Bella Anzug, ehemalige Präsidentin und Gründerin der Women's Environment and Development Organisation vor der Weltfrauenkonferenz in Peking 1995.
»Die Gender Agenda« Bulletin des DIJG, Nr. 13 vom Frühjahr 2007

» *Der gegenwärtige Versuch einiger Mitgliedsstaaten, das Wort Gender aus der Aktionsplattform zu streichen und durch das Wort ›Geschlecht‹ zu ersetzen, ist ein beleidigender und erniedrigender Versuch, die von Frauen gemachten Fortschritte rückgängig zu machen, uns einzuschüchtern und den weiteren Fortschritt zu blockieren. Wir fordern die wenigen männlichen und weiblichen Delegierten, die vom Empowerment der Frauen ablenken und es sabotieren wollen, auf, ihrer Ablenkungstaktik ein Ende zu machen. Es wird ihnen nicht gelingen. Sie vergeuden nur kostbare Zeit. Wir kehren nicht zu untergeordneten, minderwertigen Rollen zurück..* «

Franziska Brychcy, war Direktkandidatin für die Berliner Abgeordnetenhauswahlen am 18. September 2011 im Wahlkreis Lichterfelde Süd des Berliner Bezirks Steglitz-Zehlendorf.

Auszug aus der Antwort auf die Anfrage »Initiative Staatliche Sexualisierung der Kindheit – Schützt uns davor!« auf www.abgeordneten-check.de

» *Ich selbst lebe in einer langjährigen polyamoren Partnerschaft mit zwei Männern, mit denen ich vier Kinder habe. Unsere Kinder haben eine Mutter und zwei soziale Väter, die sich liebevoll um sie kümmern. Und das ist die Hauptsache: dass Kinder liebevoll aufwachsen können, dass ihre Eltern Zeit und Raum für sie haben und sie auf ihrem Lebensweg begleiten. Dafür spielt es überhaupt keine Rolle, ob ihre Eltern nun die leiblichen Eltern sind, oder Pflege-, Adoptiv- oder einfach ihre sozialen Eltern. Es gibt insbesondere viele Väter, die sich liebevoll um die Kinder ihrer neuen Partnerin kümmern als wären es ihre eigenen Kinder und viele Väter, die sich nicht um ihre eigenen Kinder kümmern, obwohl sie es eigentlich sollten … Biologische Elternschaft ist daher kein Gradmesser für gute und liebevolle Elternschaft. Die Pluralität der Familienformen nimmt zu und das ist die Realität, in der unsere Kinder aufwachsen. Daher ist es sehr wichtig, dass sie das Gefühl haben, dass diese Unterschiede völlig in Ordnung sind, dass soziale Normen sich mit der Zeit wandeln, dass es kein Standardmodell, das alle glücklich macht, sondern eine Wahlfreiheit gibt, nach der man sich frei entscheiden kann, wie man gerne leben möchte.*

Das heißt, dass das Land Berlin nur auf die verschiedenen existierenden Lebens- und Familienformen reagiert und sie nicht verordnet oder die Kinder gar indoktriniert. Ich persönlich denke auch nicht, dass die Vielfalt der Familienformen oder der sexuellen Orientierungen scham- oder persönlichkeitsverletzend ist. Ich lehne Scham als Konzept grundsätzlich ab. Sie wird Menschen anerzogen, um sich schlecht und schuldig zu fühlen. Doch kein Mensch ist schuldig, weil er nackt ist oder Sexualität ausleben möchte. Die systematische Unterdrückung kindlicher Nacktheit und Sexualität und völlig unnötige Anerziehung von Schamgefühlen ist eine extreme Menschenrechtsverletzung, die den Kindern in unserer Gesellschaft von klein auf angetan wird. «